Le chant de la Kundalini

Commentaires philosophiques

dirigée par Lucien-Samir Oulahbib
créée par Angèle Kremer-Marietti

Permettre de redécouvrir des auteurs connus, appartenant à ladite "histoire de la philosophie", à travers leur lecture méthodique, telle est l'une des finalités des ouvrages de la présente collection.
Cette dernière demeure également ouverte dans le temps et l'espace, et donc intègre aussi bien les nouvelles lectures des "classiques" par trop connus que la présentation de nouveaux "penseurs" dans le répertoire des philosophes en ce sens qu'ils ne se perçoivent pas seulement comme des pédagogues mais aussi des créateurs de systèmes de pensée à même d'oser synthétiser la complexité du monde.

Dernières parutions

Lucien OULAHBIB, *Rhombe. Liberté d'Eve, Marie, Marianne*, 2021.
Mohamed BEN AROUS, *Messages de Nietzsche,* 2019.
Lucien OULAHBIB, *La Haine. Est-elle haïssable ?*, 2017.
Lucien OULAHBIB, *Être et vérité. Du réel humain*, 2016.
Robert M. PALEM, *Questions à la phénoménologie ou Candide à Fribourg-en-Brisgau*, 2015.
Steeve Elvis ELLA, *Altérité et transcendance dans le Mvett. Essai de philosophie pratique*, 2014.
Fatma MOUMNI, *Aux sources de l'anthropologie positive, Auguste Comte lecteur de David Hume, 2013.*
Lucien-Samir OULAHBIB, *Hors des chemins qui ne mènent nulle part, Ou comment sortir, libre, de la non philosophie, 2013.*
Robert Michel PALEM, *Henri Ey et la philosophie. Les racines et référents philosophiques et anthropologiques d'Henri Ey*, 2013.
Constantin SALAVASTRU, *Cinq études sur la rhétorique cicéronienne,* 2013.

William NÉRIA

LE CHANT DE LA KUNDALINI

MÉTAPHYSIQUE

Préface de François Chenet

L'Harmattan

***

5-7, rue de l'École-Polytechnique – 75005 Paris
www.editions-harmattan.fr
ISBN : 978-2-343-23783-1
EAN : 9782343237831

DU MÊME AUTEUR

LIVRES PERSONNELS

Le mythe de la caverne. Platon face à Heidegger, préface de Thomas de Koninck, Paris, Cerf, « Cerf Patrimoines », 2019, 375 p.

Plotin, Shankara, Spinoza : le dépassement de la raison et l'expérience de l'Absolu, préface de François Chenet, Paris, Les Deux Océans, 2014, réimp. 2017, 230 p.

LIVRES COLLECTIFS

« Le mythe de la caverne chez les Pères de l'Église : une autre histoire de la vérité ? », *in* Claude Brunier-Coulin et Jean-François Petit (dir.), *La philosophie de la Religion*, Paris, Orizons, « Débats/Philosophie », à paraître.

« Percer par-delà les mots et l'horizon des phénomènes par la poésie de saint Jean de la Croix », *in* Claude Brunier-Coulin et Jean-François Petit (dir.), *Théologie et littérature. Précédé d'un hommage à Jean-Louis Chrétien,* Paris, Orizons, « Débats/Philosophie », 2020, pp. 195-208.

« Le mythe de la caverne, début de la métaphysique ? Les sources héraclitéenne et parménidienne », *in* Claude Brunier-Coulin et Jean-François Petit (dir.), *Le statut actuel de la métaphysique*, Paris, Orizons, « Débats/Philosophie », 2019, pp. 267-290.

« L'extase chez Platon », *in* Claude Brunier-Coulin et Jean-François Petit (dir.), *Spiritualités et gnoses. Hier et aujourd'hui*, Paris, Orizons, « Débats/Philosophie », 2018, pp. 161-170.

« Esquisse d'une philosophie de la personne chez Édith Stein, à partir de théologoumènes issus de l'œuvre de saint Jean de la Croix », *in* Claude Brunier-Coulin et Jean-François Petit (dir.), *Philosophies et théologies au XXIe siècle*, Paris, Orizons, « Débats/Philosophie », 2018, pp. 152-175.

« Le Bien comme principe totalisant dans l'expérience de l'âme chez Plotin », *in* Claude Brunier-Coulin (dir.), *Institutions et destitutions de la Totalité. Explorations de l'œuvre de Christian Godin*, Paris, Orizons, « Débats/Philosophie », 2016, pp. 43-52.

« L'Âtman/Brahman ou la possibilité de la Totalité dans le non-dualisme de Sankara », *in* Claude Brunier-Coulin (dir.), *Institutions et destitutions de la Totalité. Explorations de l'œuvre de Christian Godin*, Paris, Orizons, « Débats/Philosophie », 2016, pp. 73-83.

REVUES

« Le mythe de la caverne : carte de l'être », *Dogma. Revue de philosophie et de sciences humaines*, Édition 15, Printemps 2021, https://dogma.lu/edition-15-printemps-2021/, pp. 133-144.

« La vérité chez Jean l'évangéliste : amnésie de l'histoire de l'oubli de l'être ? », *Le Christ devant la raison*, *Académos*, n°2, Paris, Orizons, « Débats/Philosophie », 2020, pp. 29-43.

« La trinité védantine chez Shankara : l'aspect dualiste et non-dualiste de la relation trinitaire », *La doctrine augustinienne de la Trinité*, *Académos*, n°1, Paris, Orizons, « Débats/Philosophie », 2017, pp. 103-119.

à Elle, Mère de tous les Hommes

PRÉFACE

Rien n'est plus fascinant que le sujet de la Kundalini, sujet qui reste méconnu alors qu'il est au cœur de l'indianité.

François Chenet,
Professeur de Philosophie indienne et comparée,
Sorbonne Université, Paris.

Avant-propos

« Rien n'est plus fascinant que le sujet de la Kundalini, sujet qui reste méconnu alors qu'il est au cœur de l'indianité. »

Lapidaire, la préface du professeur François Chenet témoigne, derrière les mots qui se serrent et se bousculent, d'une incessante recherche vouée à l'intériorité spirituelle.

Convaincu de l'imminence et de l'importance de la « Kundalini », François Chenet eut conscience qu'elle demeure là où on ne l'y attend. Plongeant son regard et son esprit en-deçà du monde des apparences, il quêta, à travers les philosophies indiennes et occidentales, une réponse et un espoir, afin d'être désaltéré non des eaux boueuses de l'existence mondaine, mais des eaux claires de la vie de l'Esprit qui comble et ravit, inestimable breuvage dont il eut connaissance en étudiant les écrits sacrés de l'Inde, civilisation mystérieuse et millénaire où dorment et se cachent des trésors de sagesse…

Parmi ses biens les plus précieux, l'indianité conféra à la Kundalini une place de choix, celle d'être « au cœur », en l'incarnant en toutes choses, étant considérée comme matrice de l'univers. Représentée sous mille visages et qualifiée d'autant de noms, la Kundalini, brillamment décrite et appréhendée par certaines philosophies du sous-continent, « fascine », dans la mesure où elle peut procurer une expérience directe de la transcendance divine.

Toutefois, s'abreuver de cette eau n'est pas aisé, mais subtil et périlleux, car nombreux sont les dangers qui guettent celui désirant étancher sa soif. Terrible et magnifique secret, scellé à qui n'a reçu, d'un maître véritable ou du divin lui-même, la grâce et la science de le connaître. C'est pourquoi, François Chenet avertit « que le sujet de la Kundalini » semblant être connu, en réalité « reste méconnu ».

Rentré d'un voyage en Inde du sud, je rencontrai à la Sorbonne, en septembre 2009, le professeur François Chenet à qui je demandai l'autorisation d'intégrer son Master de « Philosophie indienne et comparée ». L'entrevue nécessaire à cette fin dura quelques heures, me laissant d'impérissables souvenirs… La spiritualité indienne s'était invitée au milieu de considérations académiques et avait surgi, tel le jet d'une fontaine ne se tarissant plus, l'amour de l'Inde éternelle !

L'année universitaire se déroula, émaillée de discussions impromptues après les cours ou au détour d'un couloir, où nous nous entretînmes souvent de la Kundalini. Thème singulier, éveillant toujours un réel intérêt chez François Chenet, avec qui je débâtis de l'expérience de la Kundalini, de sa place dans l'hindouisme, de ses possibles rapprochements avec la philosophie classique et le christianisme, de son activité dans les différents corps, de son lien avec la transcendance ou de ses interprétations contemporaines… Heureuse fraternité intellectuelle, qui enjouait et rassasiait cette première année de philosophie indienne.

L'année suivante, période marquée par la rédaction du mémoire de Master, j'osai comparer trois grands philosophes, me frottant à l'exercice du comparatisme philosophique. Arrivé à soutenance, je défendais mon étude m'attendant à de sévères critiques, mais, à mon étonnement, il me félicita puissamment et m'encouragea à poursuivre en doctorat. Ce mémoire fut publié l'année suivante aux éditions Les Deux Océans sous le titre : *Le dépassement de la raison et l'expérience de l'Absolu. Plotin, Shankara, Spinoza.* François Chenet en fit une élogieuse préface.

Dans la lignée de mon mémoire, le sujet de thèse qui me vint naturellement à l'esprit envisageait de comparer la Kundalini à son supputable homologue occidental, sujet à la limite de la discipline philosophique, selon François Chenet, mais qui, selon l'angle de traitement, conviendrait. Hélas, je choisis un thème plus classique et, pour cette raison, je m'éloignai, à mon grand regret, de la fréquentation du professeur. De plus, ayant envisagé une cotutelle de thèse avec l'Université Laval à Québec, je déménageai au Canada.

Deux ans plus tard, à mon retour de Québec, je m'installai en Provence pour finir la rédaction de ma thèse et emménageai en divers lieux. Je n'eus donc le loisir et le privilège de revoir François Chenet. Le temps passa…

Début 2020, ma compagne et moi déménagions, une fois n'est pas coutume, dans un petit village niché au cœur des collines du massif des Maures regardant d'un côté en direction de Lyon, et de l'autre, en direction de la Méditerranée. Cette bourgade, sise au creux de verdoyantes collines provençales où la départementale laisse place à de pittoresques routellettes sillonnant les Maures, se nomme Collobrières. Ce lieu, presque introuvable sur une carte, vit à bonne distance de toute urbanité… refuge d'esprits en mal de civilisation, d'intrépides amoureux de la nature, de touristes y séjournant à l'année et d'enfants natifs du pays. « Bienvenue dans la cité des sangliers ! » *dixit* solennellement Hugues, l'ancien prêtre, ouvrant théâtralement les bras devant l'assemblée des fidèles ébahis…

Le lendemain de notre arrivée, allant sur la place du marché, nous pénétrions dans un café où nous rencontrâmes le correspondant local du journal Var-Matin, Henri Allongue, ami du philosophe collobrièrois Pierre Boutang. « Nous venons d'emménager, je suis sage-femme et voici un homme sage, un philosophe » lança ma compagne, « un philosophe ? eh bien… il y en a un, non loin d'ici, habitant au faîte d'une colline inaccessible, un philosophe indianiste de la Sorbonne », « Michel Hulin… » répondis-je, « non… il pratique la philosophie comparée » me renvoya-t-il, n'osant y croire, je lui susurrai « François Chenet… », « oui, c'est bien lui dont il s'agit ! » s'exclama-t-il. Stupéfait, je demandai « est-il ici régulièrement ? », « non, il ne descend de Paris que pour les vacances d'été ! » conclue-t-il. Hasard, destinée ou providence ? je ne savais plus que penser… impatient, j'attendais la période estivale pour le retrouver. Collobrières, n'était plus seulement citée des sangliers, mais terre des philosophes !

Sans crier gare, les jours brûlants arrivèrent, et, un beau matin, je décidai d'ascensionner la colline où résidait le « philosophe de la Sorbonne ». Tout d'abord, nous rencontrâmes son épouse, Georgina Dobrowolski, qui nous invita gentiment à revenir en soirée, le maître de la maisonnée siestait. Le soir venu, l'épreuve de l'ascension recommença… et arrivant au bout de l'interminable chemin, impatient et bras ouverts, m'attendait le professeur François Chenet à qui j'offris ma thèse publiée et une énorme courgette de notre jardin rocailleux…

Délivré des politesses de rigueur du professeur envers son élève, j'entrai en son intimité, passant du vouvoiement au tutoiement. François me fit assister à un inoubliable coucher de soleil se retirant derrière une mer de collines bleuâtres, et m'invita à dîner sous une tonnelle de bois et de bambous dont la vue domine un horizon imprenable. Passionnés, hors du temps, nous discutâmes de la Kundalini… il me racontait ses voyages en Inde et me révélait qu'il fut disciple de grands sages hindous. Ce soir-là, à mon tour, je lui confiai que l'expérience de la Kundalini ne m'était guère étrangère depuis l'enfance, animant le « cœur » de ma vie. Sensibles à ma sincérité les cigales se turent, et la nuit trop profonde vint imprimer la fatigue sur nos visages, il était trois heures du matin…

Quelques semaines plus tard, témoignant son amitié et répondant à mon invitation, François nous rendit visite avec Georgina pour partager un repas. Il m'entretint des indianistes qui avaient marqués son parcours, Lakshmi Kapani, Chantal

Duhuy, Michel Hulin, Lilian Silburn, André Padoux, et tant d'autres. Cette rencontre scellait nos retrouvailles… une grande amitié naissait, laissant entrevoir les prémices d'une belle complicité intellectuelle et spirituelle. Je me réjouissais que la providence l'ait miraculeusement remis sur mon chemin. Au cours de cette journée, il me félicita encore, une fois n'est pas coutume, pour la publication de ma thèse, *Le mythe de la caverne. Platon face à Heidegger*, insistant sur le fait que « c'était de l'excellent Platon ! » et, suprême honneur, trouva l'énigme de la dédicace. Nous passâmes l'après-midi à ouvrir des pistes de comparaisons novatrices entre les grandes idées de la philosophie indienne, de la philosophie occidentale et du christianisme. Bonne humeur et sourire aux lèvres, nos centres d'intérêts intellectuels et spirituels se conjuguaient à merveille !

Je lui parlai du *Chant de la Kundalini* que je souhaitais voir présenté de sa plume. La réponse ne se fit attendre, « je me ferais un immense plaisir de le préfacer ! ». Je lui révélai que ce dialogue, imaginaire, invite en filigrane *Mâ Ananda Moyî*, à travers son disciple français *Swami Vijayânanda*, qu'il eut l'heureuse surprise de découvrir ce jour. Au passage, il me confia que sa meilleure amie, Lakshmi, avait connu *Mâ*.

Les heures s'égrenaient en une joie authentique au son mélodieux des cigales. Enjoué, il nous déclara, satisfait, que « la relève est assurée ! » Le transportant sur mon deux-roues bleu ciel, nous nous quittâmes après une halte photographique sur la route D14, près d'une borne routière où est inscrit au feutre noir « Bénarès 12 000 KM ». Pressé de me recevoir chez lui à Saint-Maur-des-Fossés, il désirait me remettre, en main propre, certains enseignements qu'il reçut sur la Kundalini.

Songeur, je m'imaginai l'instant où je le reverrai à Saint-Maur, après qu'il eut pris connaissance du *Chant de la Kundalini* et qu'il m'en eu rédigé la préface. L'échéance du départ en direction de Paris s'avançait, mais, à mon grand damne, j'appris par mon ami le professeur Pierre Magnard, successeur de Pierre Boutang à la chaire de Métaphysique à la Sorbonne, que François avait tiré sa révérence, ou comme le dit l'adage hindou « il a quitté son corps ». Nous étions fin octobre.

Pétrifié par sa disparition soudaine, je ressentis l'importance qu'il revêtait pour moi. Ironie du sort, ou plutôt incompréhensible dessein de *Shiva*, son dernier cours en Sorbonne, quelques mois avant sa retraite, portait sur « La mort et la Réincarnation »... Tristes, nous n'entendrions plus ses précieuses réflexions philosophiques, empreintes d'une vaste et rare érudition des pensées de l'Orient et de sa recherche spirituelle. Toutefois, au-delà de toute espérance, Georgina retrouva sur sa table de travail perdue au milieu d'une forêt de bibliothèques garnis de livres savants, un dossier orange à mon nom contenant le début de sa préface !

Avec le recul, je compris que les derniers instants joyeux, intenses et fugaces passés en sa compagnie, furent moins des retrouvailles que des adieux consommés dans la magie du mystère de l'Inde. Le professeur François Chenet, incontestable *pandit* du point de vue de la tradition indienne, avait rejoint cette éternité chérie et désirée...

Je remercie Henri Allongue, prosateur collobrièrois, ami de longue date du professeur François Chenet et infatigable correspondant du journal Var-Matin, d'avoir rendu un émouvant hommage au « philosophe du village », reconnaissant son incomparable culture intellectuelle et sapientielle, sans qui je ne l'aurais retrouvé.

Je remercie Odile Duvollet, ma compagne, pour ses corrections, remarques avisées et relectures de ce *Chant*, et surtout, pour poursuivre gaiement et inlassablement mes pérégrinations philosophiques et spirituelles sur les chemins de l'Esprit allant d'Orient en Occident.

Enfin, je témoigne ma profonde gratitude, par-delà le voile de notre monde, au professeur François Chenet qui, je l'espère, séjourne au *Brahma Loka*, en la bienveillante compagnie des sages illustres ayant bercé son existence. Ce professeur, admiré de ses élèves, me permit d'entrer en Sorbonne et d'aimer la philosophie, sagesse éternelle. Que reconnaissance et témoignage soient rendus à ce philosophe hors-normes qui dédia, au soir de sa vie, sa dernière et ultime préface à la Kundalini.

Prélude

Je suis la dominatrice, celle qui rassemble les trésors,
qui comprend ; parmi les bénéficiaires de l'hommage, la première.
Les Dieux m'ont distribuée en mainte place,
J'ai beaucoup de séjours, j'entre en beaucoup de formes.

Hymne à la Déesse, *Devîsûkta*,
Rig-Veda, 10.125, p. 339

En cette brûlante fin de matinée de juillet, fraîchement sorti d'une séance d'ostéopathie adroitement menée par un praticien aux fines moustaches, Louis de Florac, moulu tel un grain de sénevé, se mêle à l'incessant brouhaha des passants, des habitués et des curieux qui animent joyeusement et presque innocemment ce coin de Paris menant droit à la Bastille. Les devantures des cafés, des bistrots et des restaurants, plus rutilantes les unes que les autres, à défaut de tenter le client lui jettent au visage l'apparat de la nouveauté. Excentriques, typiques ou classiques, il y en a pour tous les goûts… Les rues entourant et débouchant sur la Bastille frémissent d'une activité colorée se propageant et se communiquant aux sens de tous ceux qui s'y aventurent, y compris par mégarde. Parfois, au détour d'un pas-de-porte généreusement ouvert, Louis glisse un œil pour entrevoir, furtivement, un intérieur savamment décoré donnant l'impression du naturel ; formes et matières variées y dessinent tous les styles. Cette profusion de niches, où les uns comme les autres peuvent se désaltérer et manger à l'image des multitudes d'alvéoles d'un essaim d'abeille, forme une cacophonie symphonique dont la saveur à l'oreille ne déplaît pas au palais de l'esprit…

Louis, emporté par le long cours de cette rivière urbaine aux trottoirs gonflés de monde et aux lampadaires éteints telles des lampes à huile épuisées, échoue face au Père Lachaise, et lui revient en mémoire le souvenir d'un *swami* y étant enterré, jadis disciple de la plus grande Sainte hindoue du XXème siècle. « Pourquoi ne pas rendre visite à *Swami Vijayânanda* ?! » se demande-t-il. L'heureuse fortune de ces rues des miracles l'ayant déposée ici, il décide d'honorer cette petite visite qu'il aurait aimé lui faire il y a déjà quelques années… En effet, Louis, aventurier du dimanche aspiré par le siphon des Indes, s'était jeté, lors de l'un de ses voyages, aux pieds des Himalayas, pour découvrir les lieux mythiques de l'une des plus anciennes spiritualités de l'humanité. Là, projeté bien loin des contrées chrétiennes occidentales, Louis eut vent de la présence de ce *swami* ex-médecin français, ayant niché toute sa vie auprès de *Mâ Ananda Moyî* - la fameuse Sainte -, mais n'eut pas la fortune de le rencontrer vivant et de se confier à lui au sujet d'une expérience spirituelle sur laquelle il aurait pu jeter un éclairage hindou aux accents français. Léger regret de n'avoir pu approcher un tel témoin de la Sagesse incarnée en *Mâ Ananda Moyî*…

L'appétit ne se manifestant guère sous ce soleil exalté d'un midi d'été, Louis décide, résolument, de franchir l'immense pas-de-porte du Père Lachaise. Hors de toute proportion, sa devanture aux deux piliers en pierre de taille, arrondis à leur sommet et flanqués sur leur face d'un symbolisme pathétique, cintrent, tel un mauvais costard, l'encadrement vert en fer forgé d'une porte mode prison, le tout élargi par de hauts murs fortifiés et morcelés dissimulant un spectacle immobile et funeste. « Point de Dieu visible à l'horizon ! Ici gisent ceux qui ne sont plus… », telle est la première impression de Louis. Cette ville-cimetière, morne et silencieuse, ne l'allèche guère.

Contraint par son désir de franchir ce pas-de-porte aussi immense et mystérieux que la mort, Louis, progressant dalle après dalle sur l'esplanade l'accompagnant vers l'antre funèbre, aperçoit les premières tombes magnifiquement bâties, surplombées de croix, d'anges, d'archanges et de saints de France et de Navarre. Tel un spectacle muet et sans acteurs, le cimetière est sillonné par des spectateurs de tous poils et de tous horizons, ayant la ferme intention de s'inviter chez des hôtes qui ne les recevront pas. Louis, perdu au beau milieu de ce jardin de tombes exubérantes et décolorées servant de perchoirs aux corbeaux affamés et trop accaparés par l'aura de la mort pour s'en éloigner, demande poliment la tombe du *swami*. « Elle est par ici… elle est assez demandée, vous savez ! » lui confie spontanément la jeune gardienne à l'air et à la démarche appartenant à un autre siècle, en pointant sur son plan l'emplacement précis de ladite tombe.

Louis, emboîtant le pas des autres convives qui se pressent hâtivement çà et là vers leurs hôtes respectifs, découvre, quelque peu surpris, la bizarrerie du lieu. Des sortes de mini-immeubles ornent un paysage irrégulier où de hautes bâtisses se mêlent à de plus basses. Une même portion de terrain comprend divers styles architecturaux, des mausolées fantasques aux lignes courbes ou droites côtoyant de simples caveaux grisâtres débordant, ou non, de fleurs, chrysanthèmes pour ceux que l'on visite, et mieux, roses pourpres pour ceux que l'on aime… La mixité sociale est respectée mais les différences demeurent tout de même ! Louis, presque époustouflé par cette mise en scène, ne se demande même pas s'il faut préférer une sépulture ubuesque sans fleurs à une modeste qui en est garnie… Allongeant son pas, il s'enfonce dans les dédalles labyrinthiques de cette antichambre du monde à venir. Du milieu de ce lac de tombes hors d'âges pointera, quelque part, l'ultime demeure du *swami*.

Depuis quelques tombes et plan en main, Louis n'enjambe plus guère de bouquets de fleurs… il lui semble arpenter un désert à la recherche d'une oasis ornée de somptueuses essences florales. Esplanade après esplanade, croisement après croisement, enfin tombe après tombe, il atterrit nez à nez sur le « pas de tombe » du *swami*. Humble, certes dépouillé mais pas trop, se dresse l'improbable mausolée de *Vijayânanda* ; pointant sur l'horizon telle la lumière pâlotte d'un phare embaumé de brume, il émerge à l'arrière de quelques tombes trop anguleuses précédant son immobile séjour. Insolite et solitaire, il dénote de ses proches colocataires par ses fines colonnes de marbre rose pointillé de noir en devanture, gardant le sépulcre tout de marbre blanc. Étendard spirituel d'une autre civilisation, ancre jetée à la mer au cœur d'un cimetière plus que catholique, présence d'une métaphysique indienne inédite sur le lieu même d'une métaphysique occidentale chrétienne revendiquant ses droits les plus légitimes, côtoyant et chatoyant les autres tombes trop souvent abandonnées ou pire, oubliées, le caveau de l'ex-*swami* ayant pris retraite de ce monde, se pare de fleurs tout au long de l'année, ses fidèles conviés garnissant, inlassablement et sans défaillir, son seuil d'essences exotiques plus colorées les unes que les autres, presque interdites sous cette rude latitude.

Louis, franchissant le rempart floral qui pare telle la roue d'un paon l'ultime ermitage, est aimanté par une silhouette orangée l'épiant, la photo du *swami* susdit. Comparable à nulle autre, cette image apparemment figée et livrant un regard aussi perçant qu'étincelant propose, avec retenue et élégance, un mets sacré aux atours jaunes et arrondis que le *swami* tient délicatement à hauteur de visage, entre pouce et majeur… improbable rencontre entre un hindou d'adoption offrant une obole à un inconnu visitant son domaine funéraire hindou-parisien. Ce *prasad*, nourriture offerte aux dieux, le *swami* désire que nous en ayons une part, geste d'aumône et de compassion accueillant les pèlerins de tous bords. Générosité illimitée, réduite à cette humble icône ascétique encerclée par deux lions dos-à-dos regardant, pour celui de gauche en haut et en arrière les mots gravés en lettre d'or « MA a dit », et pour celui de droite « tu es RISHI ». Paroles inconditionnelles provenant des tréfonds de la sagesse qui confère au *swami* l'inexpugnable carrure d'un athlète spirituel à l'endurance inépuisable, lettres dorées résonnant d'éternité sur une pierre tombale qui annoncent, de surcroît et presque facticement au-dessus du précieux cadre de son hôte, « Swami VIJAYANANDA », dont la lettre « I » est habillée d'un papillon à la place du point laconique, et au-dessous renseignent, prudemment, ses dates d'incorporation et de décorporation, « 1914-2010 ». Nom, visage et dates dépeignent l'identité factuelle d'un *swami* ayant tenté de les transcender pour regagner la condition originelle du *Purusha*, l'homme primordial déifié.

Ce menu tombal où *Vijayânanda*, accompagnement de choix, figure au bas de la carte, rappelle qu'il ne peut être servi sans le mets de résistance figurant en haut, *Mâ Ananda Moyî*, qui, assise à genoux, mains jointes, surveillant son dévot et emmitouflée d'un cadre à fine dorure chevauchant une dédicace « DEDICATED TO MA'S FEET » (dédié aux pieds de *Mâ*), parole de consécration absolue à la Mère du cosmos, trône humblement au-dessus du *swami*.

Ce décorum bucolique, laissant Louis enamouré, lui intime de faire une révérence à la gracieuse *Mâ*. Exécutant cette inhabituelle salutation et abaissant son regard, Louis observe, entre les deux images, un trou rectangulaire dans le marbre et, s'interrogeant sur cette curiosité, voit, soudainement, deux yeux stridents le fixer au travers !

UN INCONNU, *chuchotant*

Ce trou symbolise le vide interstitiel entre deux pensées, ou entre deux mouvements respiratoires. Mais, entre nous, je préfère entre deux pensées…

LOUIS DE FLORAC, *surpris par cette présence soudaine, ne répond…*

L'INCONNU

Je ne sais plus si j'ai souhaité avoir ce trou rectangulaire, à défaut d'avoir un vide rectangulaire, chose impossible, à moins que le vide ait une forme, et que celle-ci soit rectangulaire. Il est absurde de le penser… n'est-ce pas ?

LOUIS DE FLORAC

Surtout « penser » ce qui, justement, est entre deux pensées…

L'INCONNU, *sortant de son chuchotement*

C'est ce que vise un *Rishi*, dans l'idéal !

LOUIS DE FLORAC

En dehors de toute idéalité, de toutes pensées ?

L'INCONNU

Eh dis, tu ne te débrouilles pas si mal… il n'est pas facile de nager en ces eaux troubles.

L'atmosphère troublée et figée du lieu, laisse place à une douce et subtile ambiance rayonnant sur les marbres cintrés de gris scintillant d'une insolite coloration. Le ciel, embaumé d'azur, propage une haleine tranquille. Observant plus franchement l'inconnu, Louis découvre qu'il est emmitouflé, à l'image de *Mâ*, d'une robe orange enfilée à la manière des sénateurs romains, défiant tous les codes vestimentaires. Se tenant debout, la barbe mi-claire mi-foncée en imposant, de longs cheveux coiffés en arrière, le regard pacifié, perçant et attentif, reposant sous de lourdes arcades sourcilières soutenues par de gracieuses rides entre lesquelles se profile un nez savant, apparaît le très avenant et souriant *swami Vijayânanda* ! Plus petit que grand et légèrement moins voûté que droit, le *swami* tient résolument en équilibre sur ses deux jambes, arquées par d'innombrables heures passées en position méditative lors d'intemporels séjours en sa cellule troglodytique himalayenne. Ni humaine ni fantomatique, la silhouette arborée par le *swami* se teinte d'une indienne religiosité manifestée par l'ocre couleur de son drapage, sur lequel repose un *mâlâ*, le chapelet hindou, enroulé autour de son cou, témoignant de sa ferveur pour *Mâ*. Le tissage minutieusement effilé de son drapillon, rappelle son inexpugnable vœu de pauvreté, condition *sine qua non* de la vie de prière, et mieux, de la Libération. La tête, imperceptiblement penchée vers l'avant, découvre un regard ne touchant jamais terre et dont l'embaumement exhale la saveur d'une humilité non conquérante.

LOUIS DE FLORAC, *stupéfait*

Vous… mais en principe… vous êtes mort ?!

SWAMI VIJAYÂNANDA

Comme c'est écrit sur ma sépulture, en effet !

LOUIS DE FLORAC, *désirant le saluer*

Swami... je n'arrive pas à vous serrer la main. Que se trame-t-il ?

SWAMI VIJAYÂNANDA

Il semble que je sois moins corporel que je n'osais le croire... Il est évident que je n'ai pu revêtir mon corps de nourriture, l'*annamaya-kosha*, il m'a quitté en 2010. Je me contente de mon corps mental, le *manomaya-kosha*, qui se déplace aisément entre *Amaravati*, ville sacrée du monde d'*Indra*, et ici.

LOUIS DE FLORAC *interloqué, ne rétorque.*

SWAMI VIJAYÂNANDA

Il faut que je conserve un peu de *moi* tout de même, sinon nous ne nous entretiendrions pas de cette façon, ma personnalité se serait résorbée en *Brahman*... et adieu le *swami* !

LOUIS DE FLORAC, *espérant plus d'explications.*

SWAMI VIJAYÂNANDA

Crois-tu qu'un homme de mon âge, si on peut dire... puisse apparaître si soudainement face à toi, alors qu'il n'y était pas la seconde précédente ?

LOUIS DE FLORAC

Effectivement, cela ne se peut. De plus, je n'ai vu personne à plusieurs tombes alentours, étiez-vous caché derrière, sans que je ne vous visse ?

SWAMI VIJAYÂNANDA

Nullement. Ne joue pas l'étonné, je ne suis pas né de la dernière mousson... tu as bien compris qui je suis, et ce que je suis !

LOUIS DE FLORAC, *songeur*

Cela est plus qu'improbable, et pourtant vous êtes bien là, vous tenant résolument devant moi. Et je ne rêve pas ! Je ne sais plus que croire… le monde du rêve se serait-il soustrait à la réalité ?

SWAMI VIJAYÂNANDA

Il ne serait pas désuet de le croire. Nous autres, *ashramites*, pensons que la réalité est comparable à un rêve dont on ne se réveille que trop rarement.

LOUIS DE FLORAC

Sincèrement, je n'ai vraiment pas l'impression de rêver. Je ne connais pas ce cimetière, mon esprit n'aurait pu l'imaginer si distinctement. Tout me paraît trop réel ! Je crois que je suis parfaitement éveillé et que cette fantaisie ne dépend nullement d'un état onirique. Soit j'hallucine, soit je m'illusionne.

SWAMI VIJAYÂNANDA, *médecin généraliste*

Ta santé mentale me paraît bonne, tu n'hallucines pas. Un disciple français m'a initié à quelques rudiments de la psychiatrie. Toutefois, concernant l'illusion, il sera plus difficile d'établir un examen médical, car le propre de l'illusion est justement de ne pas savoir qu'on s'illusionne. Cela étant, si je suis l'objet de ton illusion, tu n'auras aucune certitude sur le fait que j'en sois une, ou non !

LOUIS DE FLORAC

Ce n'est pas faux, je n'ai aucun moyen de me prouver que je ne m'illusionne pas, sauf si un tiers, m'ayant fréquenté juste avant notre rencontre, s'approche de moi et ne vous voit guère… j'aurai alors l'assurance que vous êtes, ô docte *swami*, une fabulation de mon imagination.

SWAMI VIJAYÂNANDA, *amusé*

Le problème, c'est qu'il n'y a pas âme qui vive aux alentours. Impossible de vérifier ton hypothèse. Pour revenir à mes vachettes, sache que certains philosophes indiens considèrent que tout est illusion, et si toute chose l'est, comment un tiers justifierait-il que cette illusion cosmique n'en est pas ?

LOUIS DE FLORAC, *assuré*

Il faudrait que ce tiers soit étranger à cette illusion cosmique. Et le seul qui puisse l'être, c'est Dieu.

SWAMI VIJAYÂNANDA

Sur ce point, on ne s'illusionne pas. Seul le divin peut exécuter cette manœuvre délicate, proscrite à ceux dépendant de l'illusion.

LOUIS DE FLORAC

Je dois avouer que cette conception de la réalité est fascinante… ! Poussée à son paroxysme, elle sous-entend que l'illusion se retire du réel, paraissant, jusque-là, sous des traits illusoires.

SWAMI VIJAYÂNANDA, *souriant*

Je constate avec joie que tu as le naturel philosophe, et, mieux que cela, tu es attiré par la philosophie indienne. Je devine bien pourquoi tu es venu me rencontrer. Cependant, la sagesse est bien plus qu'élaborations intellectuelles, c'est un art de vie, *exit* les débutants en la matière… quel est ton nom ?

LOUIS DE FLORAC

Je me nomme Louis, cela n'a strictement rien à voir avec les Louis d'Or… je suis docteur en philosophie, et le père Henri, un carme de mes amis, me définit comme un « semi-ermite ». Je vis à mi-temps entre Saint-Germain-des-Prés et Florac, où sont mes nobles racines.

SWAMI VIJAYÂNANDA

Quel beau monde me rend visite, un docteur *ès âmes…* Moi, pour ma part, je me contente d'être docteur *ès corps*. Je ne vois pas le rapport entre l'érémitisme et ces deux localités.

Un « semi-ermite » doit pratiquer intensément la méditation pour atteindre le divin. Ton expression, « semi-ermite », me montre que tu es assidu. C'est bien, mais il existe plus que l'assiduité et les spéculations philosophiques, sais-tu ?

SWAMI VIJAYÂNANDA, *littéralement aveuglé par le flash d'une lumière sortant soudainement de Louis, recule d'un pas, plongeant barbe et yeux dans sa robe.*

LOUIS DE FLORAC

Qu'avez-vous ? Y a-t-il un problème ? Êtes-vous en train de sortir de mon illusion ?

SWAMI VIJAYÂNANDA, *transi d'espoir*

« *Mâ Ananda Moyî ! Sainte Mâ !* »… est-ce votre illustrissime personne ?

De longues minutes s'égrènent, alors que *Swami Vijayânanda* s'immobilise à plat ventre sur le sol, mains jointes en prière au-dessus de la tête, face à Louis. Décrivant une posture inconnue, probablement celle de la révérence dévote face au maître hindou, notre *swami*, constatant que la déflagration lumineuse s'atténue, se relève doucement et scrute méticuleusement Louis… des pieds à la tête.

SWAMI VIJAYÂNANDA

N'as-tu pas vu *Mâ* dans les environs ? D'abord, je crois l'avoir ressentie, et ensuite, il y a eu cette lumière aveuglante. Tu ne me cacherais pas *Mâ*, tout de même ?

LOUIS DE FLORAC

Là, je nage en pleine hallucination, à moins que je ne fasse partie de *votre* illusion. Non ! Je n'ai vu ni *Mâ Ananda Moyî* ni une puissante lumière. J'en suis désolé…

SWAMI VIJAYÂNANDA

Pourtant, je pressens sa présence en toi. Je perçois aussi

une formidable lumière translucide qui jaillit de ton corps, elle se répand tout autour de toi, sans s'étendre, au-delà de quelques mètres. Je t'avoue que c'est elle qui m'a attiré jusqu'à toi… pourquoi m'as-tu caché la Kundalini ?

LOUIS DE FLORAC, *gêné*

Je ne vous ai rien caché, je n'ai simplement pas encore eu l'opportunité de vous confier ce pourquoi je voulais vous rencontrer. Je ne vois nulle lumière sortir de moi, mes yeux sont de chair. Par contre, je la ressens, intensément et en permanence, depuis mon adolescence. Sa compagnie m'est coutumière, elle fait partie de ma vie, étant la vie même…

SWAMI VIJAYÂNANDA, *emporté*

Elle est la lumière vivante, le secret des *Rishis*, les sages la connaissent, ils ont pour elle une immense dévotion, la vénérant dans les temples depuis des millénaires, sur cette terre des *devas*, des dieux, la terre de l'Inde.

LOUIS DE FLORAC

Je suis comblé de pouvoir, enfin, vous en parler !… n'ayant pu le faire de votre vivant, lors de mon dernier périple sur les flancs de l'Himalaya avec ma compagne Odile.

SWAMI VIJAYÂNANDA

La Kundalini, si on se limite à cette forme de *Shakti*, est révérée depuis que l'homme est homme, en tous les lieux de l'Inde. Décrite de telle ou telle façon, elle revêt nombre de figures et de noms qui n'épuisent en rien son incommensurable divinité. Au contraire, elle est suggérée sous de multiples aspects, étant inépuisable en ses manifestations… en témoigne la diversité des êtres que l'on rencontre dans les Trois Cités !

LOUIS DE FLORAC

Vous entendez par « Trois Cités », les trois mondes : enfer, terre et paradis ?

SWAMI VIJAYÂNANDA

Tu n'es point un novice alors, mais un initié… hein ?

LOUIS DE FLORAC, *à Jérusalem*

« C'est toi qui le dit » !

SWAMI VIJAYÂNANDA, *n'étant pas dupe*

Ne joue pas le Christ devant Pilate ! Là, pour le coup, ta force spirituelle n'y suffit pas. Le Christ est bien plus que toi et moi, mais je n'en dirai pas tant de *Mâ* qui a été mon Christ à moi ! Après tout, j'étais de confession juive dans mon incarnation précédente et je connais l'Histoire sainte. Au fait… tutoie-moi, ce sera plus naturel entre nous.

Le roi LOUIS… DE FLORAC

Cela va de soi !

SWAMI VIJAYÂNANDA

Je dois te confesser qu'à part *Mâ* et quelques sages rencontrés, - je me souviens du bon *Swami Ramdas* -, je n'ai connu personne d'autre en qui elle se déploya intégralement. Je n'aurais jamais cru redescendre ici-bas, pour l'admirer une fois encore… « *Merci Mâ ! Jai Mâ !* »… !

L'humble LOUIS DE FLORAC

N'en fais pas tout un *dahl* ! Il ne s'agit toujours que de moi.

SWAMI VIJAYÂNANDA

Insouciant ! Il s'agit surtout d'elle, ton « moi » est en sursis. Du reste, j'observe que ta Kundalini génère une luminosité moins radiante que celle de *Mâ*… Cela signifie-t-il qu'elle ne s'est pas encore complètement déployée ?

L'humblissime LOUIS DE FLORAC

Sûrement… qui puis-je ? À part vénérer le Seigneur et faire oraison, étant donné la complexité de son déploiement dans mon corps et mon esprit, je ne peux rien faire pour la précipiter. La Kundalini agit indépendamment de ma volonté.

SWAMI VIJAYÂNANDA

Cela est bien vrai ! Chercher à la précipiter, alors que son déploiement est complexe, long et difficile, serait un non-sens absolu. Tu sais, j'ai connu des yogis bien téméraires pendant ma retraire de sept ans dans l'Himalaya, qui cherchaient à maîtriser ce courant divin, alors qu'il préside à l'évanouissement de l'identité personnelle en détruisant toute volonté, donc toute maîtrise. Et encore, cela est peu dire, j'ai ressenti tant d'autres belles manifestations d'elle en vivant auprès de *Mâ*…

LOUIS DE FLORAC

« Auprès de *Mâ* »… insinuerais-tu que tu ne vivrais pas sous la motion de la Kundalini ?

SWAMI VIJAYÂNANDA

Indiscrétion, mon jeune éléphanteau… on ne parle pas de moi, c'est fini, je suis passé *ad Patres* ! Disons que j'en connais suffisamment sur le sujet en ayant vécu sous la divine dictée de *Mâ*, qui demeurait très discrète, voire muette, sur sa propre expérience de la Kundalini, mais qui, au détour d'une extase, se confiait, parfois, à l'un de ses disciples bien-aimé…

LOUIS DE FLORAC, *révérencieux*

Tu as vécu dans le secret des dieux, partageant avec *Mâ* les plus insondables mystères sur Dieu et sa *Shakti*. Tu as lui prêté ton oreille pour qu'elle y dépose le nectar de son enseignement spirituel. Quel privilège, quel honneur ! Pourrais-tu donc m'éclairer, ô vénérable *swami*, de ton savoir sur la Kundalini ?

SWAMI VIJAYÂNANDA

Mmm… tu es digne de recevoir ce que j'ai moi-même appris de *Mâ*, un savoir traditionnel se transmettant de maître à disciple depuis des générations. Mettons-nous à genoux devant *Mâ* et prions-la, afin d'être les instruments de son insigne volonté.

LOUIS DE FLORAC *et* SWAMI VIJAYÂNANDA,
priant de concert

Inépuisable en tes grâces,
accorde-nous, sainte Mâ,
en marque d'infinie bonté,
inspiration et érudition.

Et de sagesse, rassasiés,
l'ascète et le philosophe,
enivrés, de toi révèleront,
natures et noms.

REFRAIN

Ton ineffable nom, qui saurait le dire ?
Poètes et conteurs jamais ne le clament.
Inaccessible, lettres et paroles manquent.
Révèle-moi donc, qui il est !

De toi, dit-on, nul accès par l'intelligence,
ni connaissance par science.
Comment te révérer, si impénétrable tu es,
chants et offrandes y suffiraient-ils ?

Qui sait, l'ascète et le philosophe,
par dévotion ou introspection, te découvriront ?
Et si, fortunés de grâce, ils réussissent,
décèleront-ils ton mystère ?

COUPLETS TERRESTRES

Grâce à moi mange la nourriture celui qui discerne,
celui qui respire, qui entend la chose dite.
Sans le comprendre, ils résident en moi.
Écoute, toi qui sais, ce que je te dis mérite créance.

Hymne à la Déesse, *Devîsûkta*,
Rig-Veda, 10.125, p. 339

UN METS SACRÉ

Sur ces « entre-fêtes », *Swami Vijayânanda* demande poliment au locataire de la tombe verdâtre et mousseuse d'à côté la permission de s'asseoir sur son rebord, afin de se reposer de son long voyage « ciel-terre ». Mettant à profit cet instant de silence, il rabat ses paupières et s'absorbe, en moins de temps qu'un battement d'ailes de paon, en une sorte de recueillement… moment privilégié, hors de la contrainte temporelle, pour embrasser en un clin d'œil l'immensité du monde de *Brahma*, le Paradis.

La méditation pratiquée par le *swami* est à nulle autre pareille, car apprise aux pieds de *Mâ* et perfectionnée durant de longues années en une grotte himalayenne surplombant d'interminables vallées profondes, et, n'ayant pas fini de porter son fruit, le *swami* continue de la pratiquer sans trêve ni relâche, fût-ce dans l'Au-delà, jusqu'à ce qu'elle lui octroie l'insigne présence de la bien-aimée Kundalini, puis, de là, bondissant tel un lièvre de vallées en monts et de monts en sommets, jusqu'à atteindre l'incomparable Libération spirituelle, *Moksha*… rien de moins rien de plus ! Mais l'attraction terrestre n'augure rien de léger, tout y est plus assommant et tamasique. Notre *swami* ne s'y trompe guère et reprend son souffle, entre deux bouchées d'idées, en prévision de la future averse intellectuelle. « Que peut-il donc bien contacter en sa retraite intérieure ? »… « Que prépare-t-il en sa posture dévote ? » s'interroge donc, subrepticement, Louis. *Vijayânanda*, assis jambes croisées, rouvrant ses ectoplasmiques paupières, le fixe alors docilement.

SWAMI VIJAYÂNANDA

Sache que l'habit ne fait pas le *swami*… *Mâ* m'inspire que la Kundalini, selon sa définition traditionnelle, revêt de fort différentes nominations : un *mets*, une *plante*, une *Shakti* ou une *forme de Durga*.

LOUIS DE FLORAC, *alléché*

Quel rapport peut-il bien y avoir entre un mets, une plante, une *Shakti* et une forme de *Durga* ? Explique-moi en quoi la Kundalini concerne chacune de ces définitions ? Je serais curieux de comprendre, en guise d'apéritif, en quoi est-elle un mets ?

SWAMI VIJAYÂNANDA

Mmm… je crois, selon mon souvenir, que le terme « Kundalini » désigne ce mets composé de lait caillé bouilli, de beurre clarifié et de riz, parce que chacun de ces ingrédients a une fonction sacrée dans le rituel du *Homa*, vieux rituel védique, où tous les éléments de notre mets sont offerts au feu, en vue d'obtenir la faveur des dieux.

LOUIS DE FLORAC, *surpris*

Le sacrifice ? Le feu ? L'offrande ? La Kundalini est donc assimilée à ce qui est offert en sacrifice, et, indirectement peut-être, à celle qui opère le sacrifice, la flamme, étant donné que ce plat nous ramène à ce rite de libation ?

SWAMI VIJAYÂNANDA

Plausible. En tout cas, traditionnellement, le beurre clarifié correspond à la somme de nos actions passées, notre *karman*, lesquelles doivent être détruites par la Kundalini… le feu de la Kundalini.

LOUIS DE FLORAC

Cela me paraît plus que vraisemblable ! La Kundalini, sous les traits de ce mets, nous ramène au symbole de la flamme consumant les offrandes de lait caillé bouilli, de beurre clarifié et de riz, par le feu de la digestion. La flamme de la Kundalini annihile toutes nourritures offertes, en référence au feu gastrique digérant tous mets. Seule la disparition est visée, l'anéantissement de ce qui n'est pas divin.

SWAMI VIJAYÂNANDA

Cela me rappelle vivement *l'ârati*, ce rite que l'on exécutait plusieurs fois par jour à l'*ashram*, au moyen d'un *thali*, petit plateau rond métallique, sur lequel brûlait une mèche imbibée de camphre ou de beurre clarifié, la flamme purificatrice, que l'on passait autour de *Mâ* pour la vénérer, et qu'ensuite nous portions au front pour être bénis. La Kundalini révèle donc la friabilité de ce qui se trouve sur son passage, ne laissant nullement demeurer ce qui n'est pas, les ingrédients du mets.

LOUIS DE FLORAC

Cette friabilité nous mène à l'inconsistance de ces ingrédients, dont l'apparente consistance est fallacieuse. À défaut d'être trompeurs, ces ingrédients périssables renvoient à l'éphémère de leur condition, et, de fil en aiguille, à la transitivité d'un état vers un autre.

SWAMI VIJAYÂNANDA

Tu as raison. Cette définition de la Kundalini établit sa disposition à faire transiter ce qui ne transiterait jamais seul. La *transition* devant être comprise comme l'anéantissement de tous les possibles, la Kundalini faisant disparaître ce qui a la possibilité de disparaître.

LOUIS DE FLORAC

La Kundalini se dispose à faire transiter les possibles étant en mesure de transiter.

SWAMI VIJAYÂNANDA

Mmm… intéressant ! La Kundalini est donc un *transitus*, ou mieux, une *Passeuse*, transmuant les ingrédients ou les possibles, jusqu'à, finalement, les faire disparaître.

LOUIS DE FLORAC, *poète*

Appelant ta grâce à leur secours,
tes dévots à genoux, offerts,
mendient cet arrachement à eux-mêmes,
mains et cœurs ouverts…

SWAMI VIJAYÂNANDA, *écoutant docilement.*

LOUIS DE FLORAC

Il est vrai que toute transition est transmutation d'une chose en une autre. Et étant donné que la Kundalini fait littéralement disparaître les aliments du mets, cela suppose qu'ils ont été à tel point *trans-formés* en autre chose, qu'ils ne sont même plus comestibles.

SWAMI VIJAYÂNANDA

Ces aliments perdant leur fonction nourricière au profit d'une autre… Il est donc aisé de conclure que la nourriture n'est plus nourriture, mais autre chose que de la nourriture. La Kundalini est donc définie comme un mets à consonance religieuse, symbolisant le sacrifice.

LOUIS DE FLORAC

Elle est la grande *Sacrificatrice*, celle qui sacrifie le « moi » qui a nécessité d'être sacrifié… peut-il en être autrement ?

Une plante miraculeuse

Demeurant sempiternellement en pose assise et ne méditant guère plus, *Vijayânanda* effleure doucement quelques brins d'herbes, saisit l'un d'eux, le contemple tout sourire et le roule langoureusement entre son pouce et son index… ayant effectué son étrange parade, il dévisage curieusement un improbable bouquet de roses vertes immergées en une eau semblable, ornant majestueusement le balconnet d'une tombe adjacente.

Serait-ce le regard enamouré qu'il tint en sa grotte durant les longues années de sa retraite ? ou serait-ce celui qu'il dédiait à *Mâ*, ne voyant en elle que l'infini ? Infini dont jamais le cœur ne désire se déprendre. Ni pétillants ni endormis, les yeux contemplatifs du *swami* s'attardent longuement sur ces fleurs solitaires et, dégrafant son regard de cette mortelle végétation, il ânonne sous sa barbe immaculée quelques mystérieuses formules, et, ô miracle, les brindilles craquelées servant de promontoire à ces verts boutons de roses desséchés ressuscitent, sous l'impulsion du récital entonné à voix basse. De vertes et esseulées, les roses hivernales se transmuent en d'oranges et charnues roses printanières, et l'eau salie retrouve son éclat d'antan.

L'innocent *swami*, *swamiji*, démontre à Louis la puissance de son verbe, s'autorisant à le clamer plus haut pour finir son incantation. Estomaqué par son impérieuse démonstration et son triomphe sur la mort, Louis se demande ce qu'il marmonnait… était-ce le début d'un hymne védique ? d'une louange à la magnificence de *Mâ* ? *Vijayânanda*, énigmatique et ne babillant plus, semble se retrancher sur lui-même ; est-ce une stratégie de repli tel le lion tapi dans l'ombre avant de bondir sur sa proie, en l'occurrence Louis, ou est-ce une posture de repos post-ânonnement ? Ne désirant se faire hameçonner le premier, Louis décide de l'aborder.

LOUIS DE FLORAC, *à l'abordage*

Je n'avais nullement envisagé que la Kundalini puisse être dépeinte comme un mets d'offrandes aux dieux. Ce *mets* divin m'a mis en appétit… quelle est la suite du menu, cher cuisinier des âmes ?

SWAMI VIJAYÂNANDA, *s'excavant de sa méditation*

Mmm… je vois que les préparations culinaires indiennes te plaisent ! Que penses-tu maintenant des plantes du sous-continent indien ?

LOUIS DE FLORAC

Je n'ai jamais vu autant de fleurs qu'en Inde. Elles surgissent de partout, plus colorées et parfumées les unes que les autres. Les indiennes s'en mettent dans les cheveux, elles sont utilisées en abondance dans le cérémonial hindou, elles décorent les statues des divinités et ornent la devanture des maisons…

SWAMIJI, *contactant Mâ*

Je vais donc te rassasier. La Kundalini est assimilée à l'arbre aux impressionnantes orchidées appelé *Coccus Cordifolius* et également nommé *Tinospora Cordifolia*…

LOUIS DE FLORAC

… et plus communément ?

SWAMI VIJAYÂNANDA

Guduchi !

LOUIS DE FLORAC

Éclaire-moi donc sur le *Guduchi* ! Je ne suis nullement versé en botanique ; j'ai déjà de la difficulté à reconnaître les belles fleurs de mon jardin… en plus, à Florac en hiver, elles se font rares.

SWAMI VIJAYÂNANDA

Je compatis. Sais-tu que toutes les plantes n'ont pas forcément de fleurs, mais que toutes les fleurs sont des plantes, la fleur étant la partie colorée et odorante d'une plante ? Le *Guduchi* est une plante à fleurs, un arbuste grimpant, aux chatoyantes feuilles jaunes et vertes en forme de cœur. Les indiens considèrent cette plante comme sacrée, à cause de sa capacité à survivre sans eau ni terre, et surtout, à cause de ses vertus curatives. Une fois, j'en ai vu une enroulée autour d'un manguier, un autre arbre sacré de l'Inde…

LOUIS DE FLORAC

… et sacrément délicieux !

SWAMIJI, *le vague à l'âme*

Mmm… cependant, les mangues n'ont pas la saveur de *Mâ* !

LOUIS DE FLORAC

Le *Guduchi* doit être drôlement efficace contre certains désordres corporels, si les hindous le considèrent comme sacré ?! On n'attribue pas à une plante le qualificatif de « sacrée » à la légère.

SWAMI VIJAYÂNANDA, *botaniste*

C'est pourquoi elle est surnommée « *amrita* », ayant pour vertus de régénérer les tissus abîmés, de soigner les fièvres et de purger entièrement l'organisme.

LOUIS DE FLORAC

Je l'apprécie déjà ! Il me tarde la goûter.

SWAMI VIJAYÂNANDA

Ce n'est pas tout… les indiens dénomment cette plante

amrita, parce que, dans la tradition mythologique et spirituelle de l'Inde, elle est le nectar d'immortalité envoyé du ciel par *Indra*, roi des dieux, afin de ressusciter les guerriers de l'armée de *Rama*, l'une des incarnations de *Vishnu* le dieu conservateur de la création, dans le but de terrasser le démon, et dont quelques gouttes tombées sur terre firent pousser cette plante, le *Guduchi*. D'essence divine, elle provient du mélange du nectar et de la terre !

LOUIS DE FLORAC, *époustouflé*

Je n'aurais jamais imaginé une telle provenance.

SWAMI VIJAYÂNANDA

Ce n'est pas fini… l'*amrita* désigne aussi la plante *Phaseolus Trilobus*, les petits haricots, l'arbre *Emblica Officinalis,* dont les fruits sont comparables à nos groseilles, la liane *Piper Longum*, le poivre, la plante *Ocimum Sanctum*, le basilic sacré, et, plus généralement, *toutes racines d'une plante* !

LOUIS DE FLORAC

La racine d'une plante… comme si la Kundalini s'enracinait souterrainement là, où ni l'œil ni l'esprit ne pénètrent.

SWAMI VIJAYÂNANDA, *scrutateur*

À quel endroit penses-tu ? hein… hein… ?

LOUIS DE FLORAC, *olympien*

Eh bien… si à la façon d'une racine, elle est sise en un lieu caché, nul autre n'y pénètre.

SWAMI VIJAYÂNANDA, *médecin dans une autre vie*

Elle a sûrement privatisé le sous-sol du *guest*, euh… de l'*ashram*, pardon ! Étant seule à avoir la clé de ce lieu insolite, ne s'agirait-il point d'un os symétrique, triangulaire et inversé, compris entre les deux os iliaques, qui, s'articulant en bas avec le coccyx, prolonge la colonne vertébrale dans la partie postérieure du bassin ?

LOUIS DE FLORAC, *l'écolier*

Le *sacrum* ?

SWAMI VIJAYÂNANDA

Brillant pour un philosophe… !

LOUIS DE FLORAC, *ironique*

Ta retraite himalayenne ne t'a pas fait perdre le nord… tu es un docte anatomiste, *Vijay*. N'avais-tu seulement, pour seule compagnie, que des traités ayurvédiques, durant ton himalayenne retraite de sept ans ?

VIJAY

No books… no mind… Se pourrait-il qu'elle soit aussi nommée la *Déesse Tripura*, en référence à la pointe du sacrum ayant une forme triangulaire ?

LOUIS DE FLORAC

C'est ton interprétation. Sais-tu que dans l'antiquité romaine, le sacrum était offert en sacrifice aux dieux qui s'en délectaient ?

SWAMI VIJAYÂNANDA, *grimaçant*

Drôles de coutumes…

LOUIS DE FLORAC, *encyclopédiste*

Sacrum signifie, en latin, un *objet de culte*, un *caractère sacré* et un *sanctuaire*. Le nom de cet os évoque donc le sacré, ou plutôt, le lieu du sacré.

SWAMI VIJAYÂNANDA

D'un point de vue strictement médical, l'origine de sa dénomination étymologiquement sacrée demeure un mystère total. Rien ne l'explique, si ce n'est le prestige de sa propriétaire.

LOUIS DE FLORAC, *l'hellène*

D'après mes souvenirs universitaires, *os sacrum*, en latin, est calqué sur le grec *ἱερόν ὀστέον*, pardon… *hierón ostéon*, signifiant la *partie la plus sacrée d'un sanctuaire grec*. Et si je fouille un peu plus la langue d'Homère, *hierón* s'apparente à *iáomai*, *ἰάομαι*, c'est-à-dire au verbe *guérir*. Le sacrum est donc le lieu, insolite et caché, d'où provient la guérison.

SWAMI VIJAYÂNANDA

Je comprends un peu mieux pourquoi le sacrum incarne le *lieu du sacré*, de la *puissance* et de l'*admirable*, selon sa définition en grec ancien. Mais n'as-tu pas omis ce qu'*ostéon* signifie ?

LOUIS DE FLORAC

J'y venais. Sans surprise, *ostéon* désigne un os, mais il désigne aussi *la partie la plus dure d'une chose*.

SWAMI VIJAYÂNANDA

Un noyau a la particularité d'être dur, dense et de tout contenir en germe... Cet os serait-il donc le plus apte à contenir la Kundalini ?

LOUIS DE FLORAC

Je ne te le fais pas dire. La Kundalini, en tant que présence du divin en l'homme, se doit d'être à l'abri de toute intempérie. Cet abri, osseux et épais, est plus robuste que le crâne, si bien qu'il est la seule partie à être sauvegardée après la crémation d'un corps, fût-ce sur une terrasse crématoire plusieurs fois millénaire, au-dessus d'une berge, pardon, d'un *ghât* au bord du Gange, à *Vârânasî*...

SWAMI VIJAYÂNANDA

... veux-tu dire à *Bénarès* ?! Non seulement, le sacrum est le seul os à ne pas brûler, mais il est le seul que l'on retrouve dans les tombes. Le mien ne doit pas être bien loin... Cet os joue également un rôle crucial lors de l'accouchement, car il aide le nouveau-né à être expulsé et modèle son crâne.

LOUIS DE FLORAC

Rien que cela ! De surcroît, *ostéon* renvoie au *noyau* d'un *fruit* ; cela signifie que cet os abrite la part essentielle de l'homme déterminant ce à quoi il peut prétendre et espérer… la Kundalini !

SWAMI VIJAYÂNANDA

Bien défendu.

LOUIS DE FLORAC

De liane en liane, cette définition plantureuse de la Kundalini nous a conduit jusqu'à la racine des plantes. Tiens, cela me rappelle qu'à propos du *Guduchi*, l'histoire de *Rama* nous renseigne sur sa divine provenance et sa capacité à avoir ressuscité les guerriers morts de son armée.

SWAMI VIJAYÂNANDA

Je n'ai pas été témoin de ces évènements, malgré mon âge, mais ce dont je puis témoigner, c'est que le *Guduchi* ramène les malades à l'article de la mort… à la vie ! Par analogie, la Kundalini a donc la capacité de soigner, au sens large, le corps et l'âme, et, pourquoi pas, de ressusciter les morts… vous autres chrétiens, connaissez bien ce genre de miracle, hein… ?

LOUIS DE FLORAC

Je n'ai pas été témoin, moi non plus, de ce prodigieux évènement, la Résurrection.

SWAMI VIJAYÂNANDA, *dit Abraham Jacob Weintrob en ses racines juives, s'imagine à côté du Saint-Sépulcre.*

LOUIS DE FLORAC

La Kundalini est un breuvage de *re-naissance.* L'associer à cette plante bienfaitrice issue du domaine supraterrestre des dieux, c'est la révéler miraculeuse. Elle est un trait d'union entre les hommes et les dieux. *Indra* répand le nectar sur terre, et les prêtres sacrifient, par son intermédiaire, aux dieux. Il y a une sorte de va-et-vient du ciel à la terre et de la terre au ciel.

SWAMI VIJAYÂNANDA

Remarque pertinente. En somme, crée-t-elle un pont entre l'humain et le divin ?

LOUIS DE FLORAC

Elle *re-lie* ces deux parties dissemblables, transformant les offrandes de nourritures offertes à son feu sacré en grâces divines, et, en tant que nectar divin, engendrant une plante thérapeutique qui octroie vie et vitalité.

SWAMI VIJAYÂNANDA

Mmm… la Kundalini transforme la nature de chacun des ordres, l'humain et le divin, en une autre nature. Ainsi, transpose-t-elle un élément A en un élément B, et *vice versa* ?

LOUIS DE FLORAC

Son action est circulaire. Les dieux ne rétrocèdent pas les oblations faites ; une fois les offrandes transformées par la Kundalini, ils octroient des grâces divines. La Kundalini achemine un colis X d'un point A à un point B, en revenant au point A avec un colis Y. Sa circularité est son action même.

SWAMIJI, *frisotant sa barbe*

Les soirées à l'*ashram* de *Mâ* étaient bien animées lors de ce genre de discussion, sinon seul le silence régnait en maître. Ce souvenir m'inspire… la Kundalini, à travers sa définition florale, s'adosse à l'*amrita*, de laquelle ressortent nombre d'autres définitions.

LOUIS DE FLORAC, *indiscret*

Lesquelles ?

SWAMI VIJAYÂNANDA

« *A-mrita* » est, littéralement, la *non-mort*, la privation de la mort. Le « a » privatif décontenance la mort, et, n'étant plus mortelle, la mort se transforme en non-mort, c'est la mort de la mort. Démobilisée, la mort devient vie de la vie, devenant plus vivante que la vie !

LOUIS DE FLORAC

L'*amrita* surpasse donc la vie et la mort. Pour autant, vivifie-t-elle la vie des mortels ?

Swami Vijayânanda

À tel point que la vie des mortels apparaît alors comme sans vie… L'*amrita* « dévivifie » la vie des vivants au regard de la vie vivifiante qu'elle apporte. Elle est un surcroît de vie divine offerte à la vie des mortels, pour que leur vie ne vive plus de la *non-vie* !

Louis de Florac

L'*amrita* transmute la mort en *non-mort*, non pour la vie mais plus que la vie. C'est pour que meure notre vie de mortel que l'*amrita* anéantit la mort. La non-mort signifie bien plus que la vie mortelle, invitant à l'*immortalité*, l'*impérissabilité* et l'*éternité* !

Swami Vijayânanda, *larme à l'œil*

Inspiré… je n'aurais clamé mieux. Et ce sont là seulement quelques-unes de ses définitions. Si la vie des mortels est privée de mort, alors la vie s'accroît et *re-vit*, renaît de la mort, et vit d'une vie au-dessus de la vie. L'*amrita* inverse le cours des évènements ; elle est un antidote, un remède absolu relevant les mortels de la mort, afin de les élever à la vie des dieux. D'ailleurs, les *devas* obtinrent la vie éternelle grâce à l'*amrita*, après avoir âprement combattu les *asuras*, les démons, qui la convoitaient pour conquérir le monde.

Louis de Florac

Jadis… *Shiva* n'arracha-t-il pas du bourbier les dieux et les démons qui barattaient la mer de lait en quête de ce précieux breuvage, à l'aide du sommet du mont *Mandara* posé sur la tortue *Kurma*, une des incarnations de *Vishnu*, enlacée du serpent *Vâsuki* ?

Swami Vijayânanda

À l'évidence. Barattant la mer de lait, *Kshirodadhi*, pendant plus de mille ans sur la recommandation de *Vishnu*, les dieux et les démons en firent émerger des présents, parmi lesquels le redouté poison *Kalakuta* absorbé par *Shiva* dont le cou devint bleu, avant que le médecin des dieux, *Dhanvantari*, ne parût enfin avec sa coupe débordante d'*amrita*. En effet, *Mâ* me confia un jour, que l'*amrita* est un *nectar divin* et une *liqueur spirituelle* ayant le pouvoir de déifier l'homme à l'image des dieux, en le relevant de la mort.

LOUIS DE FLORAC

L'*amrita* est donc un poison pour la mort, l'antidote de la vie mortelle, et, n'ayant jamais eu la nature d'un poison, il paraît pourtant comme tel vis-à-vis du règne mortifère de la mort, car ne plus mourir, c'est mourir à la mort en mourant à la mort mortelle, en vue de la vie divine surabondante.

SWAMIJI

Mâ aurait brillamment ajouté que l'*amrita* est un *aliment* et une *eau* qui régénèrent les vivants, jadis morts, montrant qu'elle est plus antidote que poison.

LOUIS DE FLORAC

Eh bien… ô doctissime *swami*… si la Kundalini est définie comme plante miraculeuse, le *Guduchi*, recèle-t-elle aussi les divines qualités de l'*amrita* ?

SWAMI VIJAYÂNANDA, *des anglaises dans sa barbe*

Comment en serait-il autrement ? La Kundalini ne serait-elle l'*immortelle*, l'*éternelle*, la *bien-aimée* et la *beauté* ?!

LOUIS DE FLORAC, *musical*

Ô ma Bien-Aimée, nectar de Dieu,
beauté immaculée des Himalayas,
viens au sommeil de la mort, me ravir…
Que cette non-vie, par toi, soit vie !

L'INFINI POUVOIR

Swamiji relâche le brin d'herbe ayant été délicatement roulé entre son pouce et son index lors de cette délibération florale, et se relevant vaillamment, emboîte un pas assuré sans avancer... Qui n'a jamais vu un fantôme hindou, tout d'orange vêtu, faire du surplace en marchant, au Père-Lachaise ? Action impossible à réaliser en ce bas monde, où la gravité règne sans partage. Et donnant l'impression d'avancer toujours avant, notre *swami*, toute barbe suspendue, accélère sa foulée, tels les voyageurs trop pressés sprintant sur les escalators des aérogares internationaux du type Charles de Gaulle. Louis, défait par l'impertinence de cette scène, songe à lui tendre la main, mais en moins de temps qu'il n'en fallut pour le penser, *Vijayânanda* avait disparu...

Seul, main prête à se donner, Louis de Florac n'aperçoit plus son compère enrobé d'ocre. Où a-t-il filé ? Louis, fébrile et inquiet, observe d'instinct et d'un œil acéré par-dessus les tombeaux environnants, et, surprise certes peu étonnante, il repère *Vijay* s'évadant à travers le sinueux dédale des habitations mortuaires débouchant sur un tronçon pierreux de taille convenable, semblant mener chez une propriétaire célébrissime. Louis, ayant flâné au gré des tombes avant de tomber sur le marbre rutilant de *Vijayânanda*, avait repéré ladite demeure d'Édith Piaf. En effet, où un *swami* judéo-hindou descendu de son piédestal céleste juché auprès de *Mâ* irait-il, s'il échouait en un jardin de tombes parmi lesquelles il y en aurait une où piaille un rossignol ? Il irait à son chevet soutenir son inlassable chant sifflant, et, en s'approchant du lieu susdit, retrouverait l'une de ses muses, aussi allongée qu'une momie égyptienne.

À ses dépens, la Môme, sans le savoir, logeait en un modeste une pièce de marbre foncé, surmonté d'une croix vert-de-gris, le long d'un boulevard piétonnier où se pressent au balcon, pleurs, fleurs et admirateurs. *Vijay*, tournant autour de l'inamissible logis de sa consœur de pallier, se recueille en insufflant vie aux fleurs l'ornant, et Louis, feutré à quelques pas du mémorable lieu et assistant à ce spectacle, l'interpelle en chuchotant « Non rien de rien, non je ne regrette rien »…

SWAMI VIJAYÂNANDA

… non, je ne regrette, en rien, d'avoir pu visiter l'une de mes égéries.

LOUIS DE FLORAC, *finissant de chantonner*

Et la plus belle de toutes, t'inspire-t-elle d'autres nominations sur la Kundalini ?

SWAMIJI, *hésitant*

Ma connexion avec *Mâ* est comme brouillée… je me suis trop éloigné de mon *Samâdhi*, pardon… de ma tombe. Comment faire ? Je me mets en quête d'un autre canal céleste pour suppléer à celui de *Mâ*, dans l'immédiat.

LOUIS DE FLORAC, *dans l'expectative.*

SWAMI VIJAYÂNANDA, *soulagé*

J'ai repéré une source informative satisfaisante, le dictionnaire de sanskrit « Monier-Williams ».

LOUIS DE FLORAC

Le dictionnaire… ce n'est pas vraiment la même source d'inspiration, mais qu'à cela ne tienne, appuyons-nous sur les définitions cardinales qu'il nous livre, et laissons-nous inspirer par la Kundalini !

SWAMI VIJAYÂNANDA, *médium*

Je peux lire sur les feuillets perçus en mon esprit, que la Kundalini, en ultime instance, est *une Shakti ou une forme de Durga.*

LOUIS DE FLORAC, *rasséréné*

Merci *swamiji* ! À première vue, le « ou » de cette définition, présuppose qu'il n'y a pas deux définitions de la Kundalini, mais une seule. Le « ou » témoigne donc d'une *parenté* entre ces termes, renvoyant l'un l'autre à la Kundalini.

SWAMI VIJAYÂNANDA

Prends garde, mon philosophe en herbe. Si *Shakti* et l'une des formes de *Durga* sont parentés, pourquoi les distinguer ?

LOUIS DE FLORAC

Les deux termes, bien que parentés sur le fond, ne sont pas *similaires*, dans la mesure où ils ne sont pas réductibles l'un à l'autre. Sinon, les auteurs du dictionnaire n'auraient pas pris la peine de les différencier, ils se seraient contentés soit du premier, soit du second.

SWAMIJI, *barbe lovée autour du cou*

Mmm… si une *Shakti* n'est pas réductible à une forme de *Durga*, serait-ce parce qu'elles sont *complémentaires* ?

LOUIS DE FLORAC, *embarrassé*

Si elles l'étaient pour définir la Kundalini, il leur manquerait quelque chose à chacune, et leur définition serait partielle. Ces deux dénominations ni ne se chevauchant ni ne s'éliminant l'une l'autre, évoqueraient-elles différemment la même définition de la Kundalini ?

SWAMI VIJAYÂNANDA

Nous y sommes ! Ces deux dénominations de la Kundalini ne forment qu'une seule définition d'elle, et à défaut d'être différentes, similaires ou complémentaires, seraient-elles plutôt *gémellaires* ?

LOUIS DE FLORAC

Si elles sont gémellaires, elles procèdent du même noyau, la Kundalini, et, étant identiques l'une et l'autre, elles s'expriment différemment, à l'image de vrais jumeaux.

SWAMI VIJAYÂNANDA

Nous tenons la spécificité de cette définition, à la fois une et pas tout à fait double. Ces dénominations gémellaires sont donc similaires sur le fond, différentes sur l'aspect et complémentaires dans leur expression.

LOUIS DE FLORAC

Comprendre tout cela m'est indispensable. Savoir ce que sera une *Shakti* par rapport à une forme de *Durga*, me ravira... Considérons donc que les définitions liées au terme « *Shakti* » se rapportent, naturellement, à celles de la Kundalini.

SWAMI VIJAYÂNANDA

Il ne peut en être autrement. Selon les informations m'arrivant de l'autre côté... *Shakti* est, en tout premier lieu, un *pouvoir*, une *capacité* et une *faculté*.

LOUIS DE FLORAC, *désarmé*

Malheureusement, je ne dispose nullement du dictionnaire de l'*Académie Française* pour analyser ces définitions.

SWAMI VIJAYÂNANDA, *moderniste*

Vos nouveaux engins portatifs et téléphoniques, ne font-ils pas office de dictionnaire ?... hein ?

LOUIS DE FLORAC, *le dégainant*

Sur le site de l'Académie, la dernière version du dictionnaire en cours d'achèvement est accessible, ainsi que les anciennes.

SWAMI VIJAYÂNANDA

Alors, pas si sénile que cela, le *swami* ! Toutefois, penses-tu sincèrement qu'un dictionnaire numérique te donnera accès à la signification intime de *Shakti* ? J'en doute. C'est, me semble-t-il, ta propre expérience qui doit te servir de base solide, mais rien ne t'interdit de le consulter... fût-ce celui d'une Académie à l'indiscutable prestige.

LOUIS DE FLORAC

À chacun son dico ! Et maintenant que tu n'as plus, temporairement, accès à *Mâ*, laissons la Kundalini nous inspirer. Si la Kundalini est un pouvoir, elle est tout ce qui est possible, le *possible* et la *possibilité*. Sa potentialité à exercer une influence, signale que le pouvoir est à la fois le potentiel à l'image d'une flamme et le possible à la façon dont cette flamme peut brûler toutes choses.

SWAMI VIJAYÂNANDA

Pourquoi différencies-tu la flamme et sa possibilité à tout brûler ?

LOUIS DE FLORAC

La possibilité est l'instance instante du possible ou, si tu préfères, la possibilité est la jarre, et le possible l'espace au cœur de la jarre.

SWAMI VIJAYÂNANDA, *à vif*

Ne m'apprends pas le *Védanta shankarien*… je comprends que d'un côté, il y a le possible, et de l'autre, la possibilité qui est une sorte de capacité ?

LOUIS DE FLORAC

Eh bien… oui ! Le pouvoir, en tant que possibilité, est la capacité de réaliser toute chose, d'accomplir toute chose. Le pouvoir peut. Il est la possibilité de tous possibles, à l'image d'une flamme pouvant tout brûler. Le pouvoir n'est donc pas seulement la possibilité ou la capacité à faire ceci ou cela, il est le possible donnant pouvoir à la possibilité, à la toute possibilité du possible, la flamme autorisée à pouvoir brûler toutes choses.

SWAMI VIJAYÂNANDA

Mmm… y aurait-il une infinité de possibilités pour le pouvoir ?

LOUIS DE FLORAC, *porté*

Le pouvoir est ce qui se-tient,
tient et re-tient la racine
de tous les possibles.

Le pouvoir, infini pouvant le fini,
est la potentialité in-finie
d'opérer dans le fini.

SWAMIJI, *délecté, attendant une suite.*

LOUIS DE FLORAC, *retombant*

Le pouvoir, en tant que capacité, est donc le potentiel possibilisant tous les possibles.

SWAMI VIJAYÂNANDA

Progressons… le pouvoir serait-il alors une sorte de faculté à faire ceci ou cela ?

LOUIS DE FLORAC

Si le pouvoir est une sorte de faculté à faire ceci ou cela, il l'est, dans la mesure où cette faculté n'est pas spécifique ou réductible à quelque chose en particulier. Emplois-tu le terme « faculté » en ce sens ?

SWAMI VIJAYÂNANDA

Bien entendu… je l'emploie comme un synonyme de *possibilité* ou de capacité. Le pouvoir est donc la possibilité, la capacité ou la faculté de rendre possible telle ou telle chose, si bien que la Kundalini se découvre être la matrice de toutes choses, rendant possible tous les possibles.

LOUIS DE FLORAC

Sans le désirer, tu viens de distinguer la possibilité et les *possibles*, si bien que le pouvoir est la possibilité, la capacité ou la faculté d'envisager tous possibles, les possibles étant tous les faits découlant du possible. En somme, le pouvoir est cette flamme brûlant dans l'âtre sous la marmite, qui rend possible soit la cuisson de la soupe, soit la combustion des bûches.

SWAMI VIJAYÂNANDA, *pédagogue*

Si je prends le soleil comme symbole du pouvoir, sa masse en fusion serait le possible et les rayons en émanant seraient la possibilité ?

LOUIS DE FLORAC, *énigmatique*

Possible… !

L'INÉLUCTABLE PUISSANCE

Rebroussant chemin depuis quelques tombes déjà pour regagner sa sépulture, *Swami Vijayânanda* s'arrête et, désirant impressionner son compère, s'ingénie à faire léviter quelques graviers jonchant le sol, tandis que Louis, époustouflé par ce miracle, l'imite sans succès. Constatant son échec, le *swami* au teint de barbe étincelant et à l'œil revigoré, s'adosse à un platane annonçant une fourche qui ouvre sur deux sentiers pédestres jonchés de mausolées colorés. Il faut dire que parfois, le hâle grisâtre et suspicieux planant étrangement dans l'atmosphère du Père Lachaise, cède le pas à quelques égayements bien mérités : tombes aplanies débordant de fleurs et tombeaux verticaux colorés avec option porte-fenêtre se côtoient, se jaugeant les uns les autres tels des loups dévisageant leur chef de meute.

Louis, constatant que son *swami* hésite à s'élancer dans la florissante allée, s'engage à la façon d'un premier de cordée bravant le danger d'une falaise inexplorée, et *Vijay*, l'observant, fait de même. Tous deux, vaillamment et prudemment enfoncés entre les lignes de blockhaus funèbres, arpentent la route pierreuse, et tombent, nez-à-nez, avec une fortification type XIXème toute de gris parée, à la taille exagérée, sur laquelle un interminable crucifix empoigne toute l'armature d'une porte fermée ouvrant sur un minuscule espace, clos et désolé, où se distingue encore péniblement une inscription. Intrigués par ce mortuaire monument, Louis et *Vijay* interrompent leur fulgurante percée à travers les lignes de tombes.

LOUIS DE FLORAC

Sommes-nous proche de ton *Samâdhi*, pardon… de ton mausolée ?

SWAMI VIJAYÂNANDA

Mmm… oui… je la ressens à nouveau !

LOUIS DE FLORAC

Qui donc ? *Mâ* ?

SWAMIJI, *transi de joie*

« Jai Mâ ! »… *Mâ* est mon soleil et ma joie ! Elle est la puissance toute puissante ! L'inspiration me revient à grandes louchées…

LOUIS DE FLORAC, *soulagé*

Grand Dieu ! Merci.

SWAMI VIJAYÂNANDA

Mâ susurre à mon esprit que la Kundalini, définie comme *Shakti*, est une *puissance* et une *force.*

LOUIS DE FLORAC

Eh bien… elle ne chôme pas là-haut ! Intéressons-nous d'abord à la définition de puissance, celle de force en découlera.

SWAMI VIJAYÂNANDA, *coulant.*

LOUIS DE FLORAC

À première vue, la puissance est différente du pouvoir, et ne peut qu'en procéder, à l'image d'une eau cristalline jaillissant d'une source.

SWAMIJI, *minutieusement inspiré*

D'une source, dis-tu ? Car, selon son étymologie, « Kundalini » se rapporte à कुण्ड, pardon… à « *Kunda* », désignant une *source* ou un *bassin d'eau* sacré.

LOUIS DE FLORAC, *douché par si grande science.*

SWAMI VIJAYÂNANDA, *lancé*

Donc, si la puissance procède du pouvoir, s'en différencie-t-elle ?

LOUIS DE FLORAC

Oui et non ! Oui, car la puissance procède du pouvoir, telle la fontaine jaillissant d'une source cachée, et non, car le pouvoir est de même nature que la puissance.

SWAMIJI, *se grattant tête et barbe*

Ne m'as-tu pas confié que le pouvoir, potentialité de toutes choses, était impuissant à produire quoi que ce soit ?

LOUIS DE FLORAC

En effet. Le pouvoir est pure impuissance. Incapable de produire, le pouvoir peut ne pas pouvoir, et cette *in-capacité* le condamne à tout pouvoir. Ainsi, il ne peut pas ne pas pouvoir, et s'il ne peut pas ne pas pouvoir, il peut pouvoir… telle une source, inépuisable et abondante, qui, en s'épanchant, crée un raidillon d'eau s'écoulant.

SWAMI VIJAYÂNANDA

Mmm… *Mâ* me met la puce à l'oreille en m'évoquant que le terme « Kundalini », à travers la racine « *Kunda* », est, implicitement, assimilé à un *récipient en forme de cuvette*, un *pichet*, un *pot d'eau* et un *puit*.

LOUIS DE FLORAC

Cela me rappelle la forme concave du sacrum abritant la Kundalini, à la façon dont un pichet conserve l'eau à l'abri, ce creux d'où l'eau peut jaillir pour étancher la soif intérieure. Sais-tu que le village de Florac est dit « fleur des eaux », car il se situe à la confluence de plusieurs rivières, dont l'une procède de la « source du Pêcher » ?

SWAMIJI, *songeur*

Tout comme le Gange est fils de trois sources profondément enfoncées dans les Himalayas, dont celle du glacier de *Gaumukh*…

LOUIS DE FLORAC, *l'interrompant*

… hallucinant, j'ai vu ce glacier de mes yeux… ! Au-dessus,

les sommets se perdaient dans les nuages… nous avions dormi dans un *ashram* la nuit précédant l'arrivée au glacier. D'ailleurs, j'ai pu constater que l'immense Gange provient d'une maigre cascade, terriblement froide, sortant des pieds du glacier.

SWAMI VIJAYÂNANDA

Comme quoi… l'habit ne fait pas le *swami* ! Un glacier peut induire l'extraordinaire… le Gange jaillissant de la chevelure de *Shiva*. J'ai tellement vénéré la déesse *Ganga*, l'épouse de *Shiva*. Je saisis mieux pourquoi *Mâ* me souffle que la racine « *Kundala* », कुण्डल, dont le terme « Kundalini » dérive, signifie le *nom d'une rivière*.

LOUIS DE FLORAC, *lyrique*

Ô Déesse éternelle et immaculée,
à ton passage le péché est annihilé.
Miroir, splendeur aux mille visages
de ton époux vénéré, Shiva.

SWAMI VIJAYÂNANDA, *un tantinet jaloux*

Il ne manque plus que les ménestrels avec leur viole de Gambe et leur pipeau ! Je me croyais en train de me purifier dans le Gange… quelle beauté ces Himalayas… je ne sais si on peut en dire autant des alentours de Florac…

LOUIS DE FLORAC, *piqué au vif*

Certes, les causses autour de Florac éructent moins, mais ils percent aussi les nuages ! Un jour, me rendant à Florac par le causse Méjean, je fus ému par le spectacle d'une mer nuageuse s'étalant à perte de vue au-dessus des Cévennes et de Florac-Trois-Rivières.

SWAMIJI, *repenti*

Mmm… le Gange prenant source au glacier de *Gaumukh*, se comparerait-il à la puissance procédant du pouvoir ?

LOUIS DE FLORAC, *de marbre*

Aisément.

SWAMI VIJAYÂNANDA

Estimes-tu donc que l'eau du glacier ne devient le Gange qu'au moment où il ruisselle dans les pâtures himalayennes ?

LOUIS DE FLORAC

Assurément. La *rencontre* de l'eau du glacier avec la vallée est une *encontre* la poussant à devenir un cours d'eau. L'eau du glacier ne se transforme pas en autre chose, elle ne devient pas un élément X se transformant en élément Y.

SWAMIJI, *assoiffé*

Désaltère-moi un peu, s'il te plaît... si l'eau du glacier ne se transforme pas en jaillissant et ruisselant, qu'advient-elle alors ?

LOUIS DE FLORAC

Jaillissant du glacier, l'eau ruisselle d'abord comme un ruisselet, un ruisseau, puis une rivière, et ce jusqu'à devenir le fleuve du Gange ; ne prenant une forme particulière, elle transite d'un état à un autre, demeurant toujours l'eau du glacier.

SWAMI VIJAYÂNANDA

Si j'entends bien, l'eau du glacier adopte des formes variées en épousant les contours du relief, étant un jour ruisselet et le lendemain fleuve... ?

LOUIS DE FLORAC

Ne se transformant nullement, elle prend forme sans ne jamais se formaliser. L'eau du glacier, rencontrant pentes et sinuosités, ruisselle et stagne, formant tantôt des lacs calmes, tantôt d'impétueuses cascades. N'ayant aucune forme particulière, elle les épouse toutes, puissance procédant d'un pouvoir à l'inassignable possibilité.

SWAMI VIJAYÂNANDA

Puissance rimerait-elle donc avec contrainte, hein… ?

LOUIS DE FLORAC, *géomorphologue*

Le pouvoir non contraint par quoi que ce soit demeure pouvoir et non puissance, tandis que la puissance est telle parce qu'elle est contrainte par une forme. En effet, la rivière caractérisée par un écoulement régulier sur une longue distance prend une forme spécifique, car elle est contrariée par la pente du terrain et la forme des berges, sa forme dépendant des caractères du sol où elle ruisselle.

SWAMI VIJAYÂNANDA

Cela n'est-il pas aussi vrai dans l'autre sens ? La puissance, n'exerce-t-elle pas aussi une contrainte, à l'image d'une rivière creusant son lit ?

LOUIS DE FLORAC

Je ne te dédirai point. La rivière sculpte sa propre forme, creusant son lit plus ou moins largement, en exerçant une pression sur les berges l'enserrant, tel le lit ondulant du Tarn à Sainte-Énimie. Toute rivière est donc le fruit d'une pression subie et exercée.

SWAMIJI, *songeur*

Les fleuves et rivières de France me coulent entre les mains… je n'ai guère en tête que les bellissimes sinuosités du Gange éternel…

LOUIS DE FLORAC

La puissance est donc, à la fois, contrariée et contrariante.

Ayant sinueusement parcouru en pensée le cours des rivières et des fleuves sacrés, le *swami*, intrigué, se lie d'amitié pour ce mausolée mal dégrossi lui rappelant vaguement le sien, et y pénètre sans déverrouiller l'inexistante serrure dont la rouille passa à trépas il y a d'incalculables lunes. Louis, s'estimant incarcéré au-dehors de cette impayable bâtisse, patiente jusqu'au retour providentiel de *Vijay* qui, s'en revenant, témoigne de son extraordinaire découverte, « des hiéroglyphes… ! » lui confie-t-il. Plus énigmatique qu'à l'accoutumée, Louis s'interroge sur la fraîcheur mentale de *swamiji*, et comprend, secrètement, ce qui s'est tramé entre lui et l'inscription… *Vijayânanda*, tout médecin qu'il fût, avait oublié la graphie des lettres de l'alphabet de son enfance !

Reprenant son air à poumons écartelés, retrouvant intérieurement confiance et bombant plus que d'habitude son torse aux épaules athlétiques, Louis décrypte, depuis l'extérieur, non sans jouer quelques facéties, l'indéchiffrable inscription funéraire, tandis que le *swami*, interloqué et non contrit par cet exploit, rebrousse chemin par la contre-allée et regagne son pré-carré mortuaire. Louis, l'ayant vu fuir sous le feu de sa science, s'empresse de le rejoindre et, s'approchant du mausolée hindou, l'entend lire et relire fébrilement sur sa pierre tombale, en bengali, la langue du Bengale, d'invisibles épitaphes relatant les exploits de *Mâ*. Rassuré, *swamiji* confesse, ingénument, que cinquante ans en Inde ont eu raison de son latin…

LOUIS DE FLORAC, *docte*

Une langue doit être pratiquée régulièrement, le secret est là. Sinon, elle s'évapore tels les ruisseaux du massif des Maures, en été.

SWAMI VIJAYÂNANDA

Mmm… j'ai passé l'âge d'être amnésique…

LOUIS DE FLORAC

Rassure-toi… la Kundalini, purifiant mon esprit, provoque une absorption intérieure si remarquable que cela ressemblerait à l'amnésie, mais il n'en est absolument rien. Et la puissance… où s'est-elle écoulée ?

SWAMI VIJAYÂNANDA, *neurones au quart de tour*

Mmm… si pour une part la puissance s'adapte à ce qu'elle

rencontre, comment contrarie-t-elle ce qu'elle rencontre d'autre part ? Forcerait-elle toutes choses à se plier à son exigence ?

LOUIS DE FLORAC

Sans détour ! L'eau de la rivière, par la pression de son débit, les pierres et la boue qu'elle charrie, impacte et transforme ce qu'elle rencontre sur son cours, contraignant, peu ou prou, son environnement.

SWAMI VIJAYÂNANDA, *neurones illuminés*

De fait, si la pression exercée sur son passage préforme son cours, serait-elle davantage une sculptrice ? En d'autres termes, la puissance, par son irrépressible présence, apparaîtrait-elle comme force *pré-figurante* ?

LOUIS DE FLORAC

Vu sous cet angle, oui. La Kundalini comme puissance s'adapte, alors qu'en tant que force, elle *préfigure* le vase en lequel elle est déposée, y imprimant une forme non formée. Ne figurant rien qu'elle ne puisse concevoir, elle préfigure la forme matricielle de toutes les formes.

SWAMI VIJAYÂNANDA

Cette *préfiguration* non figurée, qu'est-elle ? hein… ?

LOUIS DE FLORAC

Cette préfiguration consiste en une pression exercée par la force, lui permettant de se frayer un passage *après* elle et *avec* elle.

SWAMI VIJAYÂNANDA

En résumé, elle arrondie les angles ?!

LOUIS DE FLORAC

La rivière caresse la roche, préfigurant sa forme originelle, telle l'argile non encore moulée par le potier. Ainsi, la *préfigure* qu'esquisse la force est la forme la plus *propre* qui se puisse.

SWAMI VIJAYÂNANDA

La contrainte, étreinte de cette force, noyaute donc ce qui advient, préfigurant ce qui encore n'est pas. Mais si cette force, sans figure, préfigure ce qui n'est pas encore, qu'y préfigure-t-elle ?

LOUIS DE FLORAC

Nous tournons autour du pot…

SWAMI VIJAYÂNANDA

… d'argile ! Mmm…

LOUIS DE FLORAC

Eh bien, voyons… cette force préfigure le non figuré en préfigurant l'*infigure*. D'infiguré, ce qui encore n'est pas se préfigure. La force inaugure le naître de la naissance, en vue de toutes choses.

SWAMI VIJAYÂNANDA, *déboussolé*

Cette force préformerait alors la *préforme* de toutes formes…

LOUIS DE FLORAC, *gardant le nord*

Sans ambages. La Kundalini, comme force, ne procure pas figure à ce qui est autre, mais préfigure la possibilité d'une altérité.

SWAMI VIJAYÂNANDA, *sûr de lui*

En somme, le métal, sous la main du forgeron, prend forme !

LOUIS DE FLORAC

Nullement. Le forgeron projette par l'imagination une figure sur son métal, tandis que la force ne projette rien, étant le naître à naître.

SWAMI VIJAYÂNANDA

Mais si la force fait naître la possibilité d'un autre, d'une altérité, ne lui procure-t-elle pas figure, par nécessité ?

LOUIS DE FLORAC

Pas encore… car l'autre, non autre et sans autre, émerge sans figure propre, étant encore *infiguré* et non *infigurable.*

SWAMI VIJAYÂNANDA

Quelle différence poses-tu entre l'infiguré et l'infigurable ? Encore de tes termes, si je ne m'abuse, hein ?…

LOUIS DE FLORAC

… l'occasion est trop belle ! Je conçois l'infiguré comme ce qui n'est pas encore figure, et l'infigurable comme ce qui ne peut en recevoir. Or, la force préfigure la possibilité de prendre figure, elle suppose ce qui n'est pas supposé. Frayant un premier sillon, l'altérité advient irréductiblement dans son sillage.

SWAMI VIJAYÂNANDA, *réalisant*

La Kundalini, comme force, engendre donc l'engendrement. Merveilleux ! Elle me permet de *naître-au-monde* ?

LOUIS, *Baron de Florac*

Est-ce une expression post-heideggérienne ? La force préfigure l'impossible possibilité du pouvoir. La force, pouvoir sorti hors du pouvoir, part du non autre en direction de l'autre, ne figurant pas l'autre.

SWAMI VIJAYÂNANDA

Limpidissime. Entends-tu donc que la force n'esquisse rien ? hein… ?

LOUIS DE FLORAC

La force n'esquisse rien de figuré, elle initie un cadre ouvrant la possibilité à toutes figures d'être *figurées* à partir de l'infiguré.

SWAMI VIJAYÂNANDA, *miniaturiste à ses heures*

Pourrais-je donc comparer la force à un chiffon de soie,

sur lequel un dessinateur traditionnel du *Deccan* esquisserait des traits au noir de fumée ?

LOUIS DE FLORAC

Pour une part seulement. La force se limite à demeurer l'écrin sur lequel la figure pourra se revêtir de contours spécifiques, mais n'existant nullement encore.

SWAMIJI, *grimaçant*

Mâ me pince l'oreille… elle me révèle que « *Shakti* » désigne une matrice de femme. Donc, la force est-elle comparable à un ventre maternel où un enfant à naître gesterait ?

LOUIS DE FLORAC

Façon de voir. La force *déclôt* la possibilité de figurer ce qui n'est qu'infigure, la *déclosion* infigurée étant propice à l'éclosion du figuré.

SWAMI VIJAYÂNANDA

Mmm… le ventre maternel ouvre donc la possibilité à l'enfant à naître, de gester en vue de naître… Mais si de la force ne procède que la préfigure, préside-t-elle à la figure ?

LOUIS DE FLORAC

La force précède ce qui vient à la figure, mais ne la préside nullement. Elle est comme l'eau du bain qui permet aux bulles de se former.

SWAMI VIJAYÂNANDA, *imitant Louis*

Fécondant cœurs et âmes,
à tes pieds, tes dévots espèrent
un regard, un geste, une caresse,
soupirant après tes consolations
et la grande Libération…
… Mmm… Mmm…

LOUIS DE FLORAC, *yeux au ciel…*

LA DANSE DE L'ÉNERGIE

Swamiji, satisfait de cette improbable entrevue avec Louis en ce lieu blême, se met à tourner sur lui-même dans le sens des aiguilles d'une montre à la manière d'un derviche tourneur, tout en se murant en un silence préoccupé et préoccupant Louis. « Quelque chose a-t-il déplu à *Vijay* ? » se demande-t-il, le voyant décrire nombre de tours irréguliers sur lui-même. Le calme précède la tempête, comme l'entend l'adage populaire, mais laquelle ? Celle d'un *swami* presque aussi âgé que Mathusalem ? « Certainement pas… » se rassure Louis.

Et pourtant, notre moine errant s'empare du discret collier de perles de bois humblement porté à son cou, le passe à son poignet, le maintient gracieusement entre pouce et index, l'égraine religieusement et, après avoir accompli autant de révolutions sur lui-même qu'avec son *mâlâ*, se met à psalmodier d'inhabituelles syllabes incessamment répétées.

SWAMI VIJAYÂNANDA

… *Mâ* ébruite à mon tympan « *énergie… aptitude…* ».

LOUIS DE FLORAC, *innocemment*

Énergie ?… N'est-ce pas l'un des épithètes de la Kundalini… à travers sa définition de *Shakti* ?

SWAMI VIJAYÂNANDA

Aucune suspicion là-dessus, *Mâ* m'en rebat l'oreille droite, alors que je psalmodie… et aptitude ?

LOUIS DE FLORAC

Occupons d'abord de la définition d'énergie, suivra celle d'aptitude.

SWAMIJI, *on ne peut plus d'accord.*

LOUIS DE FLORAC, *au quart de tour*

La Kundalini comme force, possibilise l'infiguration, tandis que la Kundalini comme énergie, possibilise la figuration. Passage non de l'universel au singulier ou bien de l'indéterminé au déterminé, mais passage de l'infigure à la figure, de l'impossible impossible au possible possibilisé.

SWAMI VIJAYÂNANDA

Cela signifie-t-il que la force peut, et que l'énergie ploie ?

LOUIS DE FLORAC

Manière de dire. En effet, l'*én-ergie*, conformément à son étymologie grecque, ἐν-ἐϱγεια, indique une *force en action*, ce qui est *en travail*, telle une femme accouchant…

SWAMI VIJAYÂNANDA

Mmm… cela suppose une activité, la transition d'un état *vers* un autre, d'un état *à* un autre… ?

LOUIS DE FLORAC

Non, on ne peut, raisonnablement, le supposer. La force est force et l'énergie est énergie. La force ne devient pas énergie, tout comme la puissance n'est devenue force. Il n'y a nulle transition de l'infiguration à la figuration, mais progression de l'une vers l'autre.

SWAMI VIJAYÂNANDA

L'énergie est-elle donc le déploiement de la force mise en travail ? Tout comme se déploie la queue d'un *paon* en s'ouvrant… conformément à la racine *« Kundali »* dérivant du terme « Kundalini » ?

LOUIS DE FLORAC

J'ai contemplé mon premier paon à l'*ashram* de *Ramana Maharshi.* En effet, l'énergie est, bel et bien, la force en travail.

SWAMI VIJAYÂNANDA
La force cesserait-elle donc d'exister au profit de l'énergie ?

LOUIS DE FLORAC
Non, la Kundalini demeure toujours comme force, et également comme énergie. L'infiguration de la force n'induit rien, elle *pré-pare* ce que l'énergie pare ! La force soutient le déploiement ployant de l'énergie.

SWAMI VIJAYÂNANDA
L'énergie, telle la main au bout du bras, est-elle donc celle qui façonne toutes choses ?

LOUIS DE FLORAC
Je ne dirais pas qu'elle façonne, au sens classique du terme.

SWAMI VIJAYÂNANDA
Éclaire ma lanterne… si la force est une sorte de fondation pré-parant la parure énergétique, alors la *paraison* de l'énergie se présenterait-elle à la façon d'une *archi-texture* ?

LOUIS DE FLORAC
Pense aux cathédrales de France soutenues par une ossature inapparente, telle « la forêt » de Notre-Dame, pondérant et façonnant leur *expression* apparente.

SWAMI VIJAYÂNANDA
Ferais-tu donc une différence entre l'énergie qui façonne et ce qui est apparent ?

LOUIS DE FLORAC
Bien entendu. L'énergie se déployant est un travail *en travail*, façonnant l'*inapparence* en toutes choses. Les murs et les vitraux de Notre-Dame ne laissent rien transparaître de l'*a-structure* présidant à l'expression des formes arborées.

SWAMI VIJAYÂNANDA
L'énergie se tiendrait-elle en deçà de l'expression de toutes choses se rencontrant en ce monde ?

LOUIS DE FLORAC

Oui et non. Oui, car *in-visible* et opérante, elle œuvre au cœur du monde sans être vue, et non, car déclosant et façonnant toutes *figures*, elle est la figure les exprimant toutes, demeurant toujours elle-même…

SWAMI VIJAYÂNANDA

… et le demeurant, elle ne peut aucunement se dissoudre, à l'image de l'huile ne se diluant dans l'eau. Et pourtant, l'énergie n'exprime pas qu'une seule chose à la fois…

LOUIS DE FLORAC

Sans contredit. Demeurant elle-même *avec* elle-même, elle ne se mêle à rien d'autre qu'elle-même, n'engendrant nul autre, nulle altérité.

SWAMI VIJAYÂNANDA

Passerait-elle d'une *infiguration* déclose à une figuration *éclose*…? Hein… ?

LOUIS DE FLORAC, *nidifiant*

Tout à fait ! Si la force ressemblait à un nid d'oiseau permettant la possibilité des œufs, l'énergie correspondrait aux œufs ayant possibilité d'éclore. Cependant, l'énergie n'est pas plus active que la force paraissant passive.

SWAMI VIJAYÂNANDA

Si l'énergie n'est ni active ni passive, échappant à cette binarité, comment justifies-tu la différence entre force et énergie ?

LOUIS DE FLORAC

La force est *préséance* à l'énergie, car c'est à sa faveur que l'énergie tend à s'exprimer, la force ne précédant pas l'énergie et l'énergie ne lui succédant pas. Que ce soit la force ou l'énergie, chacune accomplit son office selon son caractère.

SWAMIJI, *suspicieux*

Tu aimes les variations philosophiques… ce n'est pas avec moi que tu as commencé à faire tes gammes, n'est-ce pas… ?

LOUIS DE FLORAC, *jouant l'idiot*

Je me suis perdu dans un cimetière, et voilà que je « tombe » sur toi…

SWAMIJI, *songeur*

… à point nommé ! Palabrer me manquait dans l'au-delà. Autrefois… enfin, dans ma dernière existence, plutôt vers la fin, j'enseignais les curieux de tous poils, non loin du *Samâdhi* de *Mâ* Bien-Aimée… près du Gange à *Kankhal.*

LOUIS DE FLORAC

Tu continues… mais à côté de ton *Samâdhi.*

SWAMIJI, *rêveur*

Son mausolée est tellement plus beau que le mien ! Anecdotiquement, il n'y a pas ma photo sur le sien… d'ailleurs, seul un immense mausolée aurait pu contenir les photos de tous ceux s'étant livrés à elle !

LOUIS DE FLORAC, *chevauchant à nouveau*

L'énergie, ni active ni passive, est en travail n'étant nullement un *agir*, et n'agissant aucunement, elle ne se mêle qu'à elle-même.

SWAMI VIJAYÂNANDA, *lafontainien*

Que fait-elle donc « au temps chaud », pardon… durant son temps libre ?

LOUIS DE FLORAC

L'énergie s'exprime comme pure expression, reposant sur la préséance de la présence de la force. Tout un programme de ballet. Cher *swamissime*… une nature morte réalisée au fusain, s'agite-elle sur le papier où elle est dessinée ?

SWAMI VIJAYÂNANDA

Nullement… je n'ai jamais constaté qu'un dessin fasse quoi que ce soit, fût-ce une peinture apparemment mouvante de Van Gogh… !

LOUIS DE FLORAC

L'expression figurative dessinée *repose* en sa simple nudité. De fait, l'énergie échappe à la passivité autant qu'à l'activité, étant moins active que l'activité et pourtant plus active que l'inactivité, elle acte en l'infinie possibilité de l'infiguration.

SWAMI VIJAYÂNANDA, *dans le rôle de la fourmi*

Me chantes-tu que l'énergie, pure expression, ne s'inspire de rien pour s'exprimer et figurer toutes choses ?

LOUIS DE FLORAC, *dans le rôle de la cigale*

Je n'affirmerai pas qu'elle s'exprime à partir de rien. Pur acte d'expression, l'énergie *source* en elle-même sans se ressourcer ailleurs, étant sa propre inspiratrice.

SWAMIJI, *concentré*

À ce compte-là, il n'y a point d'ailleurs… et si elle ne se ressource à rien d'autre qu'elle-même, où puise-t-elle son inspiration ?

LOUIS DE FLORAC

Sourçant en elle-même, l'énergie s'habite comme expression, présence présentifiée seule se disant.

SWAMI VIJAYÂNANDA

Me rendrais-tu chèvre ? L'énergie, non différente de ses expressions, ne se confondrait pas avec ?…

LOUIS DE FLORAC, *taquin*

… un peu de paille à mâchouiller… ? L'énergie ne se confond aucunement avec ses expressions, étant l'unique expression exprimant son inassignable figure !

SWAMIJI, *chevrotant*

Qu'as-tu mangé ce matin au menu, chèvre ou tigre ?…

LOUIS DE FLORAC, *rugissant*

… celui du Bengale !

SWAMI VIJAYÂNANDA

Mâ aurait aimé le voir… peut-être en aperçu-t-elle un ? Je ne connais pas tous les moments de sa vie… Déjà à l'époque où j'atterris à ses précieux pieds, elle ne manifestait plus de dons extraordinaires, si ce n'est le plus incomparable, la Libération !

LOUIS DE FLORAC

Si tant est que la Libération soit un phénomène…

SWAMI VIJAYÂNANDA

Concernant l'énergie… si elle est pure expression, s'encombre-t-elle d'une personnalité, fût-elle cosmique ?

LOUIS DE FLORAC, *élevé*

Tel est le secret de son essence.
Absente à toute subjectivité,
l'énergie n'est assujettie à rien.

Ni sujet, ni sujette,
n'exprimant qu'elle-même,
elle présentifie le présent.

SWAMI VIJAYÂNANDA

Mmm… elle semble bien occupée cette dame… étant au four et au moulin, je pressens que son pain est le meilleur ! Du reste, j'en ai oublié la saveur, les boulangeries ne courent pas les rues, en Inde…

LOUIS DE FLORAC

… c'est bien vrai, par contre leurs pâtisseries sont on ne peut plus originales !

SWAMIJI, *léchant ses babines*

Ô Mère céleste, je ne cèderai pas à la tentation, moi… !

Bien qu'alléché par les confiseries indiennes, tournant sur lui-même et psalmodiant une intarissable prière, *Vijay* demeure imperturbable. Louis aurait-il dû se méfier ? « Non ! » lui souffle intérieurement notre derviche *swami*, le surprenant en son intime. Les circonvolutions exécutées par notre bizarissime ascète portent du fruit, et déjà, un insoupçonnable halo bleuâtre nimbe vaporeusement l'ocre de sa robe. La barbe quasi fluorescente, le cheveu scintillant, la tresse rayonnante, le timbre s'aggravant et son tournis ralentissant, le *swami* entonne d'insondables « Master Noster » en louange à *Mâ*, et, stoppant sa cadence de fourmi, confie à son jeune ami qu'il désire revoir celle à qui il consacra, consacre et consacrera toutes ses existences : la Mère divine. Fixant son compère d'une étrange façon, *Vijay* continue de clamer son vigoureux *mantra*, et Louis, se laissant happer, l'entend de plus en plus limpidement jusqu'à distinguer le moindre bruit alentour dans le cimetière dont l'image s'atténue et se floute.

Aveuglé par une insoutenable lumière, Louis n'ouvre ses yeux qu'à demi, attendant de pouvoir faire plus… que se trame-t-il ? La voix d'outre-tombe de *Vijay* perçue clairement par Louis, intime, telle une berceuse, de ne pas s'effrayer. C'est pourquoi, yeux rabattus et voix claire de *swamiji* céleste en son oreille, Louis reprend la discussion.

LOUIS DE FLORAC

Je suis aveuglé, je réfléchis donc plus rapidement.

SWAMI VIJAYÂNANDA

À la bonne heure !

LOUIS DE FLORAC, *s'assurant*

Sache que l'énergie ne se contente pas de s'exprimer, d'être pure expression se déployant tout en ployant.

SWAMI VIJAYÂNANDA

A-t-elle encore quelque acte à acter ?

LOUIS DE FLORAC

De grâce, oui ! Sinon, toutes choses demeureraient à l'état

d'éclosion non éclose… Les œufs à naître ne naîtraient jamais, ne demeurant que des œufs non éclos. Or, il est absurde qu'un œuf n'éclose pas… Au contraire, cet œuf doit éclore, il doit *ex-clore* pour parvenir à la naissance.

SWAMI VIJAYÂNANDA

Mmm… j'attends impatiemment de voir surgir les petits poussins piaillant les uns plus fort que les autres, avant de pouvoir effleurer leur duvet… Suggérerais-tu que l'énergie, exprimant son expression, engendre ce qui est exprimé ?

LOUIS DE FLORAC

Si l'énergie devait exprimer toutes expressions, elle déborderait, cessant d'être énergie, force en travail.

SWAMIJI, *ne se souvenant des dits de Mâ*

Cela présupposerait-il une autre définition de *Shakti* ? se substituant à celle d'*énergie* ?

LOUIS DE FLORAC

Tout l'appelle ! Souviens-toi les paroles de *Mâ* à ton oreille droite… *Shakti* désigne l'*aptitude.*

SWAMI VIJAYÂNANDA

Une aptitude *à faire* ?

LOUIS DE FLORAC

Cela va de soi. Il semble donc que l'aptitude à faire provienne de l'énergie la possibilisant, l'énergie ne suffisant malgré sa suffisance permettant toutes expressions !

SWAMI VIJAYÂNANDA

Mmm… l'énergie se cantonnerait-elle à être le nid en lequel naissent toutes sortes d'oisillons ?

LOUIS DE FLORAC

Sans détour. Alors que la *déclosion* des œufs, *exclaustration* de l'expression de l'énergie, relève d'une aptitude à acter la naissance.

SWAMI VIJAYÂNANDA

L'aptitude libèrerait-elle donc l'expression énergétique de sa claustration ?

LOUIS DE FLORAC

Providentiellement. L'aptitude permet de figurer la figuration énergétique de toutes figures naissantes.

SWAMIJI, *barbe duveteuse*

Mmm… va-t-il falloir percer la coquille de l'expression ? J'étouffe…

LOUIS DE FLORAC

Instinctivement ! Si bien que le poussin perçant sa coquille, la perce en vue de s'exprimer au-dehors, naissant à ce qui est figuré. L'œuf, né de l'expression énergétique enclose, éclot à l'expressivité déclose, la compétence *articulant* ce que l'énergie exprime.

SWAMI VIJAYÂNANDA

Tu dévales trop vite la pente… mes guibolles peinent à te talonner.

LOUIS DE FLORAC, *ironique*

Ô *swamissime* ascète, c'est que l'élève a surpassé le maître ! Si tu m'as suivi, ne serait-ce que de loin… l'expression correspond à la pure figure que l'énergie exprime, laquelle, articulée par l'aptitude, est en mesure d'être figurée. En termes *ashramites*, l'énergie, tel un marionnettiste, façonne une marionnette – la figure ou l'expression – et l'aptitude l'articulant, la fait figurer comme au théâtre.

SWAMIJI, *pinçant sa barbe*

Et la marionnette entrerait sur scène, comme dans une pièce de Molière ? hein… ?

LOUIS DE FLORAC, *moliériste*

Peut-être *Le malade imaginaire*…

SWAMI VIJAYÂNANDA, *assis dans les gradins, friandises indiennes, jalebi à la rose, en main.*

LOUIS DE FLORAC, *sur scène*

Telle une feuille de laurier rose,
l'expression de l'énergie,
articulée par le vent de l'aptitude,
frétille d'expression.

La Kundalini articulant l'expression
la fait advenir à l'expressivité,
tel un marionnettiste tirant les ficelles
de marionnettes en bois en un théâtre.

SWAMIJI, *applaudissant*

Bravo, bravo… mon Pinocchio !

Le cosmos imaginé

Venant de disputer d'arguments plus savonneux et plus savants les uns que les autres en un état de semi-cécité, Louis tente d'ouvrir ses yeux mi-clos déboulonnés par la déflagration lumineuse sévissant. « Tu peux ! » entend-il résolument en son esprit, et sans plus de questions il les rouvre, le plus docilement et naturellement du monde… l'intensité lumineuse ne le blesse plus.

LOUIS DE FLORAC

Je ne suis pas peiné de *revoir.* Je n'aurais imaginé que l'esprit soit aussi vif quand il est privé des perceptions sensorielles l'alimentant.

SWAMI VIJAYÂNANDA

Transiter d'un lieu à un autre, tout en passant d'un état en un autre, t'aura, temporairement, affecté.

LOUIS DE FLORAC, *s'attendant à tout…*

SWAMIJI, *à l'écoute de Mâ*

Mmm… aurais-tu pensé que la Kundalini désigne *le pouvoir créatif ou l'imagination* ?

LOUIS DE FLORAC, *pensif*

Pas dans mes rêves les plus audacieux. Cependant, si la force *sous-tend*, que l'énergie *façonne* et que l'aptitude *articule*, cela signifie que tout est, d'ores et déjà, créé… À quoi bon lui servirait-il de créer, alors que tout l'est déjà ?

SWAMIJI, *sûr de lui*

Pas d'emportement… La Kundalini désigne le pouvoir

« créatif », et non de « création », il y a une nuance de taille ! La Kundalini ne créerait pas deux fois, cela n'aurait aucun sens.

LOUIS DE FLORAC

Pas forcément… dans le christianisme, le Père crée dans le Fils et recrée par le Fils.

SWAMI VIJAYÂNANDA

Mmm… dans l'hindouisme, selon l'angle de vue, Dieu est créateur en *Brahma*, soutien de la création en *Vishnu* et son destructeur en *Shiva.*

LOUIS DE FLORAC

J'y pense… son pouvoir créatif différerait-il de son pouvoir de façonner ? car renvoyant à la genèse de la figure ?

SWAMI VIJAYÂNANDA, *réfléchissant authentiquement.*

LOUIS DE FLORAC

Si tel est le cas… son pouvoir créatif, une fois la figure façonnée et articulée, ne renvoie pas à la genèse de la figure, mais à la figure articulée devant paraître sur scène aux yeux du public…

SWAMI VIJAYÂNANDA

Que cela sous-entend-il ?

LOUIS DE FLORAC

Eh bien… qu'il faille un scénario imaginé, afin que la figure articulée puisse s'élancer sur scène ! D'où vient que le pouvoir créatif doit être entendu comme pouvoir d'imaginer un scénario ?

SWAMIJI, *espiègle*

Certes… mais en étant façonnée par l'énergie, la figure n'a-t-elle pas été imaginée ?

LOUIS DE FLORAC

L'amnésie te guette, *Vijay*… non ! L'énergie n'imagine pas

la figure qu'elle exprime, sinon il y aurait altérité. L'énergie n'établit pas de scénario en façonnant toutes figures, étant elle-même la figure s'exprimant.

SWAMI VIJAYÂNANDA

L'énergie se modèlerait-elle, n'étant modelée par personne ?

LOUIS DE FLORAC, *patient*

Elle modèle ou figure toutes choses sans modèle ! Après cela, l'aptitude articule ce que le pouvoir d'imaginer fait figurer en représentation scénique, imaginer revenant à faire figurer.

SWAMI VIJAYÂNANDA

Le pouvoir créatif est donc pure imagination… n'est-ce pas… ?

LOUIS DE FLORAC

Oui, moins que l'ombre d'un doute. L'imagination imaginant, la figure *imaginée* joue sa pièce, à l'image d'une marionnette actionnée par son marionnettiste.

SWAMI VIJAYÂNANDA

Mon cher et transparent ami… la figuration dont tu me parles serait alors une sorte de scénisation de la figure articulée ?

LOUIS DE FLORAC, *revanchard*

Oui, en quelque sorte ! Toute figure imaginée s'anime, faisant figuration. Rappelons-nous Pinocchio… Gepetto l'a façonné d'une bûche de bois brut *infigurée*, en y sculptant la *figure* de sa marionnette, puis en rattachant ses membres par un fil à une manette pour l'*articuler*, et ce, afin de le *faire figurer* selon son bon plaisir *créatif*.

SWAMI VIJAYÂNANDA

« Jai Mâ ! Jai Mâ ! », la Kundalini se révèle être une grande

Sénatrice, pardon… *Scénariste* ! Elle orchestre toute figuration en imaginant la gestuelle de ses figures.

LOUIS DE FLORAC, *soliste*

Chantant et dansant
par toute la création,
ton pas doux et enivré
est murmure en mon âme.

Créant sans être créé,
ton souffle exhalant
grâce et sollicitude,
re-crée et dé-crée.

Prenant le temps d'admirer un insatiable spectacle de beauté s'offrant à ses yeux, Louis demeure silencieux, déboussolé par le retour de la vue. *Vijay* l'aurait-il envoyé en orbite autour du Paradis ? Rien de moins sûr. Surpris sans être effrayé, Louis observe qu'il est sis sur une hauteur immergée en un mince et planant halo laiteux, laissant apercevoir à quelques pas, l'étroite entrée d'une grotte. Le lieu de retraite contemplative de notre *swami* ? *Vijayânanda*, s'étant ressouvenu de son long séjour ascétique de sept années, désirait revoir son ancien logis, une anfractuosité minérale aux contours saillants et empreinte de grâce. Louis, ému, découvrant son humble repère, chuchote « y as-tu contemplé le suprême Seigneur ? ». Gêné puis décontenancé, l'ancien méditant lui souffle « pourquoi ne me demandes-tu pas “dormais-tu sur la pierre ?” ou “lisais-tu des livres ?” »…

Louis, happé par un insolite bruissement, pointe son oreille, et discerne un bouillonnement de sons s'échappant d'en contrebas ; intrigué par ce roucoulement sonore sévissant au pied de la montagne, il aperçoit une sorte de chenal, aminci et large par certains endroits, dessinant nombre de sinuosité sur la longueur, tel le lit d'une rivière.

« C'est *Mâ* ! » décoche le *swami*. « Comment donc ? » se soucie Louis, en effet, comment *Mâ*, la grande Sainte hindoue, pourrait-elle revêtir l'aspect d'une rivière ondulante ? « Jeune impertinent… » lance *Vijay* à son encontre, « révérons le très saint et pur Gange descendant des Himalayas ! ». Par ces mots percutant, Louis comprend qu'il parle de la déesse *Ganga*, la déesse Mère du cosmos, épouse de *Shiva* et nourrice éternelle des Indes, abreuvée de neiges immaculées se déversant en flots d'Eau de Vie vitalisant la plaine jusqu'à l'océan Indien, tout en spiritualisant et étanchant la soif de ses dévots… déesse que notre floracois avait déjà contemplée, du moins en cette vie.

Refrain

Ton ineffable nom, qui saurait le dire ?
Poètes et conteurs jamais ne le clament.
Inaccessible, lettres et paroles manquent.
Révèle-moi donc, qui il est !

De toi, dit-on, nul accès par l'intelligence,
ni connaissance par science.
Comment te révérer, si impénétrable tu es,
chants et offrandes y suffiraient-ils ?

Qui sait, l'ascète et le philosophe,
par dévotion ou introspection, te découvriront ?
Et si, fortunés de grâce, ils réussissent,
décèleront-ils ton mystère ?

COUPLETS HUMAINS

C'est moi qui spontanément annonce
ce qui plaît aux Dieux et aux humains.
Quiconque j'aime, je fais de lui un puissant ;
j'en fais un porteur de Formules, un Voyant, un Sage.

Hymne à la Déesse, *Devîsûkta*,
Rig-Veda, 10.125, p. 339

LE RÈGNE D'UNE REINE

Se reposant de ce dernier échange épicé, Louis de Florac souhaiterait que son orangé *swami* se montre en chair et en personne. Mirant de plus belle le Gange s'écoulant incessamment en direction de Bénarès, *Vârânasî* pour les intimes, Louis réalise que les eaux, se déversant, n'ont pas une consistance normale… « H_2O n'a plus cours ici ! » catapulte *Vijay*, et Louis de rétorquer ironiquement « comme si les indiens ne buvaient pas d'eau ?! ». *Swami Vijayânanda*, atterrissant d'on ne sait où, se trouve soudainement nez-à-nez avec Louis. Ce dernier, le dévisageant tout en le démasquant, se surprend à voir qu'il a troqué son état ectoplasmique pour celui de chair.

Fringant comme lors de ses soixante ans, notre *swami*, dos non voûté, lingé de son ocre drap et cheveux tressés, est chaussé des deux pieds. Désaxé par cette apparition, son compère floracois crie intérieurement au miracle, « *Vijayânanda* s'est relevé d'entre les fantômes ! »… prodige inexplicable que Louis ne comprend guère plus que sa situation présente.

« Descendons de notre promontoire ! » entonne *Vijay*, et tous deux se retrouvent au fond d'une vallée himalayenne où ourdit le Gange éternel. Soudainement, un soupir satisfait s'échappe des tréfonds de *swamiji* qui, plus déterminé qu'à l'accoutumé, invite son hôte à s'accoler à la rive du fleuve pour y tremper sa main. Louis, s'exécutant tel un métronome, échoue à cueillir une larme de Gange… supercherie ? Ce liquide sacré, perlant de mille scintillements diamantés à la façon dont les torrents moutonnent de mille reflets sous l'incessant jet solaire, s'écoule mais demeure insaisissable.

« Il ne peut en être autrement » lui soufflote alors *Vijay*, et tel un éclair ne faisant qu'un tour en l'esprit de son compère, tout s'illumine… le Père Lachaise est à mille mondes de cet endroit. Où Louis a-t-il aluni ? Au *Brahma-loka*, le Paradis hindou ?

Comprenant que la situation bascule en faveur du *swami* s'en délectant discrètement, Louis, pour se rassurer autant que s'assurer à la façon d'un alpiniste, se cramponne, intellectuellement.

SWAMI VIJAYÂNANDA

J'ouïs *Mâ* comme si elle se tenait à mes côtés… selon elle et le « Monier-Williams », la Kundalini est définie comme « *pouvoir royal* ».

LOUIS DE FLORAC

Si elle détient un pouvoir de nature royale, elle le détient comme un roi serre fermement son sceptre, car un pouvoir relâché est un pouvoir perdu. Et si ce roi le perd, il ne sera plus roi.

SWAMIJI, *tatillon*

Mmm… suffirait-il qu'il perde son sceptre pour cesser d'être roi ? Il aurait tout intérêt à ne jamais s'en séparer…

LOUIS DE FLORAC

La question n'est pas là… Le sceptre symbolise le pouvoir, le perdre est sans conséquence. La légitimité du pouvoir est conférée par l'assentiment des sujets, la perdre serait fatal au roi. La possibilité du pouvoir dépend donc d'une altérité… nul pouvoir sans autre.

SWAMI VIJAYÂNANDA, *trônant*

Comment la Kundalini détiendrait-elle le pouvoir royal ?

LOUIS DE FLORAC

Elle ne le détient pas, ne tolérant nulle altérité. Ne pouvant rien posséder, elle ne peut ni l'obtenir ni l'égarer, comme un enfant achèterait, puis vendrait son jouet.

SWAMI VIJAYÂNANDA

Mmm... alors, de quelle façon possède-t-elle le pouvoir, tout en ne le possédant pas ?

LOUIS DE FLORAC

Paradoxal... la Kundalini le possède autant qu'elle se possède ; le pouvoir lui étant si intime, constitutif, elle ne peut s'en départir.

SWAMI VIJAYÂNANDA

Le posséderait-elle de la même façon que nous possédons jambes et bras ?

LOUIS DE FLORAC, *versifiant*

Étant le pouvoir même,
elle ne le possède nullement
comme prolongement d'elle-même.

SWAMI VIJAYÂNANDA

Mmm... son pouvoir se déclinerait-il donc au nominatif ?

LOUIS DE FLORAC, *de plus belle*

La Kundalini, étant pouvoir royal,
n'a nulle nécessité de le posséder,
et s'il en fut tel, elle cesserait d'être.

Ce pouvoir étant sa figure,
de lui naissent toutes figures.

SWAMI VIJAYÂNANDA

Serait-ce en ce sens qu'il est royal ? hein... ?

LOUIS DE FLORAC

Nul doute ! Cette épithète sublime le pouvoir, le rendant

prééminent et prédominant, conférant, à toutes figures, licence d'être figure et de figurer.

SWAMI VIJAYÂNANDA

Mmm… serait-elle donc *Reine* de toutes créations ?

LOUIS, *Baron de Florac*

Par déduction. Son pouvoir royal, lui octroie la soumission sur toutes figures, dans la mesure où toutes naissent en elle.

SWAMIJI, *en pâmoison*

Que penses-tu de sa *prédominance* sur toutes figures ?

LOUIS DE FLORAC

Eh bien… je crois qu'elle trône parmi les figures *au milieu* des figures, les préfigurant et les figurant en se répandant parmi elles, à la façon d'un serpent ondulant parmi les fourrés.

SWAMI VIJAYÂNANDA

Mâ m'indique que la Kundalini est parfois représentée comme le *cobra royal*, et que « *Kundali* », dont dérive le terme « Kundalini », signifie « serpent ». Cela ne t'évoque-t-il pas une petite histoire ? hein… ?

LOUIS DE FLORAC

Encore et toujours… en effet, le barattement de la mer de lait nécessita l'intervention d'un cobra royal géant, *Vâsuki*, qui, une fois enroulé autour du sommet du mont *Mandara* posé sur la carapace de la tortue *Kurma*, servit de corde pour la faire pivoter, afin de baratter le lait de la mer pour en extraire son précieux élixir, l'*amrita*.

SWAMI VIJAYÂNANDA

Bien… bien… le symbolisme de cette histoire, que t'évoquerait-il ?… la Kundalini ?

LOUIS DE FLORAC

Eh bien… si je transpose les symboles de ce récit du *Mahâbhârata* en direction de mon expérience de la Kundalini, je dirai que le pivotement du serpent *Vâsuki* correspond au mouvement décrit par la Kundalini tournoyant dans mon dos, que le sommet du mont *Mandara* s'apparente à l'axe de la colonne vertébrale autour duquel la Kundalini s'enroule et que la tortue *Kurma*, sur laquelle le mont repose, évoque la base de la colonne vertébrale, le sacrum, en lequel demeure l'énergie repliée ne demandant qu'à être barattée, grâce à l'intense désir de Libération, pour remonter à l'esprit, afin qu'elle délivre le précieux nectar d'immortalité.

SWAMI VIJAYÂNANDA

Un mystère s'éclaircit… je saisis mieux pourquoi le terme « *Kundalin* » préformant celui de « Kundalini », signifie *circulaire* et *annulaire*. D'une part, le terme « Kundalini » contient implicitement cette notion de *circularité* car elle s'enroule autour de la colonne vertébrale, et, d'autre part, le terme « Kundalini » désigne indirectement l'*annulaire*, parce qu'elle est intimement ancrée en celui qu'elle adoube. C'est aussi pourquoi le terme « *Kundala* », dont dérive celui de « Kundalini », désigne un *anneau*…

LOUIS DE FLORAC

… passé par l'épouse à son époux le jour de leur mariage, avant de se rendre au divin séjour.

SWAMI VIJAYÂNANDA

Pour revenir à ta transposition, il m'apparaît que *Vâsuki* chevauchant la tortue *Kurma*, deuxième incarnation de *Vishnu*, c'est le monde à l'envers… Plus communément, ne serait-ce pas *Vishnu* qui chevauche des multitudes de serpents ?

LOUIS DE FLORAC

En effet, *Vishnu* repose allongé sur un immense serpent à mille têtes nommé *Ananta,* se prélassant après la dissolution du cosmos. Ce cobra royal qu'il chevauche paisiblement, semble avoir perdu de sa vélocité…

SWAMI VIJAYÂNANDA

Je te précise qu'*Ananta* n'est pas *Vâsuki*, bien qu'il lui soit parfois assimilé. As-tu remarqué que *Vâsuki* est enroulé autour du cou de *Shiva*, le souverain de la création et de la destruction ?

LOUIS DE FLORAC

Je l'ai également vu s'enlacer autour des bras et de la tête de *Shiva*… Ce cobra symbolise son pouvoir créateur et destructeur, lequel peut être, aisément, considéré comme royal. Le cobra royal symbolise donc, pour les hindous, le pouvoir divin de *créer*, de *converser* et de *dissoudre* le cosmos, actes divins pouvant se rapporter à trois traits naturels de ce serpent, celui de *créer* quand il passe à l'*action* en chassant, de *conserver* quand il se *repose* et de *dissoudre* quand il *dort*. Au fait, *Brahma* n'est-il pas le dieu créateur ?

SWAMI VIJAYÂNANDA

Théoriquement, si ! Mais *Shiva* occupe parfois cette fonction cardinale selon les courants hindous auxquels on se réfère. Nul n'oserait affirmer à un *shivaïte* que *Shiva* n'est pas le dieu des dieux…

LOUIS DE FLORAC

Outre cela, le cobra royal est un prédateur redoutable qui, ondulant, peut s'arrêter brusquement pour fixer sa proie intensément dans les yeux en se dressant, telle la Kundalini faisant, tout à coup, sentir sa présence du milieu du dos jusqu'au sommet de la tête en se dressant…

SWAMIJI, *se délectant*

… Mmm… rapprochement succulent !

LOUIS DE FLORAC

La dernière fois que je me suis rendu à la sainte montagne d'*Arunachala* dans l'état du Tamil Nadu au sud-est de l'Inde, un ami tamoul me raconta qu'un jour, alors se promenant aux abords de la montagne sacrée, il s'était retrouvé, nez-à-nez et à hauteur de visage, face à un cobra royal le fixant d'un regard froid et sans vie.

SWAMIJI, *attentif*

Et que fit-il pour se tirer de ce traquenard ? A-t-il fui ?

LOUIS DE FLORAC

Penses-tu… malheureux… non ! Il s'est allongé devant lui, face contre terre, les mains jointes en prière et…

SWAMIJI, *souffle suspendu*

… et… quoi ? Le cobra est parti ?!

LOUIS DE FLORAC

Exactement ! Il a acquiescé sa prière… je ne sais pas ce qu'il avait fait dans une autre vie, mais il a été épargné.

SWAMIJI, *soulagé*

Good, good karma… comme on dit ici de temps à autre.

LOUIS DE FLORAC

Le cobra royal, serpent à la puissante stature et roi des serpents, réagit favorablement à la prière de ceux l'implorant. Ceci dit, je ne m'aventurerais pas à vouloir le rencontrer, fût-ce sur les flancs d'une sainte montagne.

SWAMI VIJAYÂNANDA, *inquisiteur*

Manquerais-tu de foi ? Les cobras ne manquent pas, ici en Inde… un conseil… ne siffle jamais la nuit dans les hautes herbes, cela attire les *nagas*, les serpents.

LOUIS DE FLORAC

Merci, j'y songerai.

SWAMI VIJAYÂNANDA, *tentant d'imiter Louis*

Comme l'insigne cobra royal,
la Kundalini, sans dire mot,
règne sur toutes figures,
impassible à les figurer,
intraitable envers
ceux rencontrés
et
ne se rencontrant.

LOUIS DE FLORAC, *mitigé*

… certes intraitable, mais pas seulement. Sinon, mon ami aurait été mordu et empoisonné par ce cobra.

SWAMIJI, *l'œil vif*

À propos, la Kundalini n'est-elle pas représentée comme cobra royal, car mordant celui qu'elle fait sienne ?

LOUIS DE FLORAC, *gêné*

En effet, la Kundalini mord, dans la mesure où elle bouleverse la vie de son heureuse victime ; son déploiement graduel dans le corps et dans l'esprit est si puissant, qu'il est ressenti comme une blessure, tel un poison inoculé par un cobra.

SWAMI VIJAYÂNANDA

Mortelle est sa morsure ! Mortelle… d'une mort à soi !

LOUIS DE FLORAC, *frissonnant d'espoir.*

SWAMI VIJAYÂNANDA

Du reste, dans ce registre piquant, les hindous ont assimilé la Kundalini à un brochet car elle prédate, à une lance parce qu'elle *trans-perce*, à un dard puisqu'elle pique avec précision en délivrant sa divine substance. Surprenant… hein ? hein ?

LOUIS DE FLORAC, *ébouriffé.*

SWAMI VIJAYÂNANDA, *barbe emmêlée*

Connais-tu le plus long serpent venimeux du monde ?

LOUIS DE FLORAC

Je me doute… ne vient-on pas de le croiser ?

SWAMI VIJAYÂNANDA

Penses-tu que sa taille de cinq mètres pourrait se rapporter à la Kundalini ?

LOUIS DE FLORAC

Si elle s'exprime à partir de la région du sacrum, non. Mais une fois son processus de déploiement bien avancé, elle peut s'exprimer depuis la plante des pieds, et, en se déroulant complètement, elle est au moins aussi longue que la taille d'un homme… et davantage, en sortant par les fontanelles du crâne.

SWAMI VIJAYÂNANDA

Néanmoins, sais-tu que कुण्डल, pardon… le terme « *Kundala* », préfigurant celui de « Kundalini », désigne *la bobine d'une corde*, objet par nature conçu pour se dérouler.

LOUIS DE FLORAC

Intriguant.

SWAMI VIJAYÂNANDA

Tu en connais pas mal sur le sujet… n'aurais-tu quelques tuyaux en réserve pour un vieux *swami* cherchant la Libération ?

LOUIS DE FLORAC, *feignant d'entendre.*

SWAMIJI, *ravalant sa barbe*

Quoiqu'il en soit… ton ami tamoul a été chanceux. Ce fait confirme ce qu'un *swami* casse-cou me dit un jour, m'assurant que les cobras ne cherchaient pas la confrontation, préférant fuir et se cacher.

LOUIS DE FLORAC

Si on transpose ce trait de comportement, il est vrai que la Kundalini aime à se cacher, n'aimant ni les bruits extérieurs ni ceux de l'esprit. Mais si le cœur et l'esprit lui sont dédiés, elle sort de sa cachette, remontant vers son époux *Shiva.* Il suffit de prêter docilement le cou à sa morsure !

SWAMIJI, *se confessant*

Mille grâces pour ce tuyau… je n'ai jamais réussi à l'amadouer pour sortir de son terrier… elle est, peut-être, mieux cachée dans l'Himalaya qu'en *Arunachala*… De toute façon, *Mâ* fut ma *Shakti*, d'autant plus que ce terme désigne aussi un *Muni*, sage silencieux.

LOUIS DE FLORAC

Que demande le peuple ?!

SWAMI VIJAYÂNANDA

Crois-tu que la Kundalini serait effrayée par moi ?

LOUIS DE FLORAC

Honnêtement, si elle est comparée au cobra royal, elle ne craint rien ni personne, elle, cette souveraine du corps, du cœur et de l'âme ! Par contre, elle se retire dans sa cachette si elle se sent agressée par l'ingestion de certaines plantes, certains mets et tous chocs en général, et, attendant que la tempête se dissipe au large, elle revient sur ses terres, les prédateurs ayant fui.

SWAMIJI, *souriant dans sa barbe*

La Kundalini privilégierait-elle un gibier plus qu'un autre ? Mmm… ?

LOUIS DE FLORAC

Elle abhorre passionnément les pensées, les émotions et les attaches, ayant un petit faible pour les démons qu'elle terrasse, implacablement. Un jour, écrivant au café, je sentis une aura maléfique se répandre autour de moi… et la Kundalini, se dressant, je ne sais comment, dissipa l'horreur.

SWAMIJI, *murmurant*

« *Mâ… Jai Mâ… Mâ…* »… elle te protégea, telle *Kâlî la Terrible* coupant la tête à ses ennemis !

LOUIS DE FLORAC

La Kundalini serpente dans mon corps, le faisant parfois onduler selon son bon plaisir. Les mouvements décris sont d'autant plus complexes qu'ils varient selon l'avancement du processus initié et, selon la partie du corps purifiée, son ondulation se rapproche, à maints égards, de celle du cobra royal.

SWAMI VIJAYÂNANDA

Ce symbole ne manque pas de nous livrer de précieuses précisions.

LOUIS DE FLORAC

J'oubliais ! La Kundalini siffle et sait jouer nombre d'instruments musicaux tels le *mridang* et la *tampura* ! Me jouant sa mélodie, nuit et jour, liée à son incessante activité intracrânienne, elle ne s'arrête jamais, et lui demandant, parfois, du repos, elle joue de plus belle…

SWAMIJI, *doigt dans l'oreille*

Cette musicienne serpentine affectionne-t-elle une oreille en particulier ?

LOUIS DE FLORAC

Elle préfère la droite à la gauche, son sifflement y étant plus ou moins strident, selon son humeur et la tension de son hôte.

SWAMI VIJAYÂNANDA

Mmm… n'est-ce point le canal de l'énergie solaire, *pingala*, qui passe dans cette partie du corps ?!

LOUIS DE FLORAC

Ma pauvre oreille droite ne cesse de chanter ! Les sons entendus sont mélodieux, la flûte de *Krishna*, les belles petites cloches tintant tels d'infinis grelotements de cuivre, et j'en passe… il faudra que nous en reparlions, car je connais la succession des sons, l'intervalle entre chacun et leur corrélation avec l'activité intracrânienne de la Kundalini.

SWAMIJI, *tout ouïe*

Ne prenant jamais de repos, l'énergie circulant dans *pingala* n'est-elle pas éprouvante ?… et ton oreille gauche ?

LOUIS DE FLORAC

Eh bien… la Kundalini n'y *swingue* pas, ou pas encore… ! Elle est cheffe d'orchestre, elle décide du moment.

SWAMI VIJAYÂNANDA

Le canal de la lune, *ida*, au niveau de l'oreille gauche est considéré comme féminin, si bien que la racine « *Kunda* », implicite au terme « Kundalini », se rapporte à *une apparence particulière de la lune entourée d'un cercle.*

LOUIS DE FLORAC, *admirateur*

Quelle érudition…

SWAMI VIJAYÂNANDA

Un petit *scoop*, s'il te plaît… son opéra, à quelle heure ouvre-t-il ?

LOUIS DE FLORAC

La Kundalini a supprimé le guichet à billets, elle n'attend aucun visiteur. S'adonnant seule à ses symphonies préférées, cette figuratrice de génie joue. Alternant entre les sonorités, ou plutôt les variations primordiales, elle dévoile sa mélopée infinie, et, déployant son art acoustique, elle tournoie, voluptueuse et chatoyante, autour de ma tête, à l'image du capuchon déployé du cobra royal impressionnant son adversaire.

SWAMI VIJAYÂNANDA

Si mes souvenirs ne me trompent guère, le terme « *Kundala* » d'où celui de « Kundalini » provient, désigne une *sorte de mesure en musique* et une *sorte de tambour.*

LOUIS DE FLORAC

À croire que la Kundalini a la musique dans le sang !

SWAMI VIJAYÂNANDA

Si le cobra royal est le seul serpent à édifier un nid autour de ses œufs, la Kundalini ne procède-t-elle pas pareillement en se murant dans le secret de ta personne ? hein…? hein…?

LOUIS DE FLORAC, *acquiesçant en silence.*

SWAMI VIJAYÂNANDA

De plus, cette *Orchestratrice* ne pianote-t-elle pas entre *ida* et *pingala* ?

LOUIS DE FLORAC

Sa danse harmonique est un enroulement continu se parant à l'infini, tels deux cobras royaux s'attirant, se mutualisant et s'étreignant l'un l'autre, au cœur d'un jeu d'équilibriste où la tension des convives jamais ne se relâche, afin que l'enlacement maintenu permette d'aboutir à leur parfaite union. La Kundalini se déhanche, s'enlace et se relace, encore et encore, ne cessant de dénouer, desserrer et délacer les nœuds oblitérant son passage, pour parvenir à effectuer la jonction entre la lune et le soleil. Se croisant plusieurs fois dans le dos et se séparant, momentanément, au niveau des oreilles, elle laisse entendre les mélodies respectives d'*ida* et de *pingala*, tels les dieux et les démons tirant, les uns d'un côté et les autres de l'autre, sur le cobra *Vâsuki*, en vue que la mer de lait s'ouvre et que jaillisse le nectar divin.

SWAMI VIJAYÂNANDA

T'est-il arrivé que la Kundalini opère sa jonction et provoque le *Samâdhi*, l'union divine ?

LOUIS DE FLORAC, *circonspect*

… adolescent… cela fut le moment le plus bouleversant de ma vie, plus renversant encore que ma naissance. Depuis ce jour, elle me purifie.

SWAMIJI, *espiègle*

Mmm… la Kundalini revêt donc des figures différentes… muerait-elle ?

LOUIS, *au Royal Philharmonic Orchestra of Florac*

La Kundalini, cobra royal,
mue et trans-mue, épousant
et assumant le paraître des figures,
demeurant toujours elle-même.

Jouant de la flûte et du tambour,
cette muante musicienne meut
l'étendue de la scène cosmique.

Orchestrant la figuration
avec puissance, force, énergie
et majesté, elle s'élance,
parmi ses figures, les faisant figurer !

SWAMIJI, *applaudissant*

Baissez le rideau rouge ! Mmm…

Le sens universel

Stoïquement ébahis sur les bords du Gange tels deux tourtereaux se contemplant l'un l'autre, Louis de Florac autant que *Vijayânanda* demeurent désarçonnés par l'irrégularité de leur condition. Le premier a, malencontreusement, égaré son corps, tandis que le second l'a, inopinément, retrouvé, mais *disputatio* intellectuelle oblige, notre *swami* ne manifeste guère d'émotions vis-à-vis de ce fait, préférant impressionner son jeune compère.

« Qu'est-il advenu ? » recueille *Vijay* sur les lèvres dématérialisées de Louis, « on a inversé la vapeur ! » le réconforte-t-il, sous-entendant l'inexplicable retournement de situation. Fort de son anoblissement corporel, notre *swami*, revigoré autant que rehaussé, se prend d'un étourdissement de compassion envers Louis, lui intimant d'exécuter quelques ablutions rituelles.

Louis, se prenant au jeu, sans ambages, se jette à corps perdu dans les bras du Gange, en lesquels il est, mystérieusement, absorbé. Auparavant impalpable, l'onde sacrée du fleuve millénaire se révèle, désormais, aussi mouillante qu'un lac profond, désaltérant nombre de baigneurs au cœur d'un été indien. Louis se relevant, inondé jusqu'au bassin par ces flots miraculeux, murmure aussitôt une insondable prière, laissant échapper de ses mains mi-closes appuyées sur sa poitrine de douces et pleureuses eaux, et, révérant par moult salutations la déesse Mère l'accueillant en son sein, il ressent, soudainement, une chaleur non coutumière l'envahir des pieds à la tête.

Immobilisé et recueilli en cette posture, Louis comprend alors que la sainte *Mâ* vient de le gracier… il perçoit, à nouveau, toutes choses…

LOUIS DE FLORAC

Je refais surface… tout me semblait étrange.

SWAMI VIJAYÂNANDA

Mmm… il y avait urgence à ce que les choses te reparaissent normalement.

LOUIS DE FLORAC

Même aveugle… j'ai tenu la distance.

SWAMI VIJAYÂNANDA

Mâ m'intime, très limpidement, que la Kundalini est assimilée au *pouvoir de signification d'un mot.*

LOUIS DE FLORAC

Le pouvoir de signification d'un mot renvoie à la possibilité de *signifier* en rendant *dicible l'in-dicible*, de dire ce qui encore n'est dit. Signifier permet de figurer toutes choses, et pas simplement de signifier en leur collant une étiquette dessus.

SWAMI VIJAYÂNANDA

Dehors le *signifiant* et le *signifié* ?… hein ?

LOUIS DE FLORAC, *espiègle*

A-dieu, en effet ! Je constate que vous étiez quelque peu cultivés à l'*ashram*…

SWAMI VIJAYÂNANDA, *sur ses grands chevaux*

Un vieux souvenir de linguistique de mes lectures d'adolescence. Crois-tu qu'on se roulait les pouces en contemplation béate à l'*ashram* ?… Non ! La contemplation est action, et, sûrement, une action bien plus active que toute action !…

LOUIS DE FLORAC

La Kundalini fait figurer toutes figures en les portant à la *signifiance*, et si elles ne parviennent au dicible, elles ne peuvent jamais figurer.

SWAMI VIJAYÂNANDA

Mmm… les figures seraient-elles nativement porteuses de signification ?

LOUIS DE FLORAC, *professeur en Sorbonne*

La figure devient telle, en accédant à sa signifiance. Le pouvoir de signifier fait advenir la figure au dicible, en transitant de l'absence de signifiance à la présence de signifiance, la *dicibilité* de tout dicible. La Kundalini fait figurer la figure en la *sensifiant* par la dicibilité de sa signifiance, n'assénant nul sens à la signifiance qui advient.

SWAMI VIJAYÂNANDA

Comment… ? La Kundalini ne possède-t-elle pas, en germe, la signifiance de toutes figures ?

LOUIS DE FLORAC

Pas comme on possède un sac rempli de billes colorées dans la cour d'école…

SWAMI VIJAYÂNANDA

D'où provient donc le sens ?… hein ?

LOUIS DE FLORAC

Il ne provient pas, la Kundalini ne le *pré-porte* pas ; il n'est pas contenu quelque part en réserve. Ne possédant rien qui ne soit autre qu'elle-même, elle imagine toutes figures articulant la possibilité du sens, venant naître au moment où il naît, la signifiance naissant au cours de la figuration.

SWAMI VIJAYÂNANDA

Eh quoi ? Le sens se déploierait au milieu des figures figurant ? Serait-ce donc l'abandon du signifiant et du signifié ?

LOUIS DE FLORAC

Signifier, en remplissant par anticipation une configuration particulière, est inadéquat, tandis que la signifiance *anté-cède* et *post-cède* la signification de toutes figures, étant leur milieu de naissance. Étant seule à naître, la signifiance de toutes figures ne cesse de naître au naître, advenant comme signification de la signifiance.

SWAMI VIJAYÂNANDA

Entends-tu que la Kundalini délivre le sens de toutes figures ?… hein ?

LOUIS DE FLORAC

La Kundalini signifie tout dicible délivrant le sens à toutes figures, à l'image d'un marionnettiste animant ses marionnettes et leur donnant vie. Régnant sur toutes figures, elle les *sensifie* en les rendant dicibles. Par exemple, si elle figure une main, elle le fait *figurativement.*

SWAMIJI, *mains sous la barbe*

Figurativement, c'est-à-dire ?

LOUIS DE FLORAC

Pas de façon conceptuelle, le figuratif différant profondément du conceptuel.

SWAMI VIJAYÂNANDA

La main exprimée *figurativement*… en quoi n'est-elle donc pas *conceptuelle* ?

LOUIS DE FLORAC, *main levée*

La main est dite « main » en un sens *finitif* et *définitif*, quand un concept prédéterminé et prédéterminant la virtualise irrémédiablement, car l'enclosant et la figeant en une seule et même conception, celle de « main ». Alors que la Kundalini, n'assénant pas un sens prédéterminé et définitif à la main, la fait naître et renaître infiniment au sens, le *sens figuré*, n'épuisant pas la richesse de la main se disant de mille et une façons dans la réalité de la figuration.

SWAMI VIJAYÂNANDA

Cela tombe sous le sens…

LOUIS DE FLORAC, *inspirant*

La signifiance, ni ne naissant
ni ne re-naissant au même naître,
n'en finit pas de naître,
allant de naissance en naissance,
assumant et déployant
l'infinie variété des figures du réel.

La Kundalini, sans médiation,
signifie toutes figures,
car les médiatisant toutes,
étant le milieu où
l'une pour l'autre et l'une par l'autre,
elle se figure.

SWAMI VIJAYÂNANDA

… Mmm… sophistiqué. Agissant sans médiation, ou intermédiaire, pour donner du sens à toutes figures, assumerait-elle un rôle de médiatrice ?

LOUIS DE FLORAC

N'ayant nul autre à médiatiser, pas vraiment…

SWAMI VIJAYÂNANDA, *retenant son souffle.*

LOUIS DE FLORAC, *expirant*

N'étant la médiatrice de rien ni de personne,
elle ne se figure qu'elle-même,
se médiatisant par son imagination créatrice,
étant le dit qu'elle s'adresse,
pure signifiance signifiant toutes significations.

SWAMI VIJAYÂNANDA, *soupirant*

Je donne ma langue au chat ! Me racontes-tu que la Kundalini se conte à elle-même… ? à l'image d'un marionnettiste s'adressant à lui-même par l'intermédiaire de sa marionnette ?

LOUIS DE FLORAC, *baronisant*

Encore aurait-il fallu quelqu'un à qui parler… la Kundalini n'étant nullement « quelqu'un »…

SWAMI VIJAYÂNANDA

… le paradoxe est absolu ! La Kundalini, ne s'affaissant sous le poids d'aucune signification, porte donc toutes figures à la signification, sans s'adresser à elle-même…

LOUIS DE FLORAC

Apparemment absente de la scène où figurent nombre de *figurants*, elle signifie, en prêtant signification à toutes figures au cœur d'une figuration déclose et sans bornes !

SWAMI VIJAYÂNANDA

Tel *Shiva Natarâja*, *Shiva* dansant son immense danse cosmique ?

LOUIS DE FLORAC, *admiratif*

Il y a de l'idée… !

VIJAY, *feuilletant le « Monier-Williams »*

Mmm… voilà peut-être pourquoi la Kundalini désigne *la configuration des planètes et des étoiles…* car elle ordonnerait et harmoniserait le cosmos en son entier ?

LOUIS DE FLORAC

Si tu l'échafaudes en ce sens…

SWAMI VIJAYÂNANDA

As-tu eu l'opportunité de visiter le temple de *Chidambaram*, au sud de l'Inde ?

LOUIS DE FLORAC

Eh bien, si c'est le mythique temple à deux heures en taxi de *Pondichéry*, oui, je l'ai visité… mais je n'ai pu qu'entrapercevoir l'immense statue de *Shiva* dansant sa danse royale.

SWAMI VIJAYÂNANDA, *fier*

Moi, je l'ai contemplé longuement.

LOUIS DE FLORAC, *béat.*

SWAMI VIJAYÂNANDA

Si la Kundalini signifie toutes figures, certaines sont-elles signifiées avant les autres ?

LOUIS DE FLORAC, *surpris*

Non, il n'y a pas d'ordre de passage, les unes ne signifiant pas les autres. La signifiance figurant toutes figures ne s'origine pas dans un concept qui se transmet de proche en proche, à la façon d'une peur se communiquant autour de soi, non, la signifiance *brille* en toutes figures, les hâlant les unes les autres.

SWAMIJI, *moqueur*

Mystère… mystère… comment la signifiance pourrait-elle brunir le teint de toutes figures ? hein… ?

LOUIS DE FLORAC

La signifiance, à l'image d'un soleil azuréen brunissant plagistes et estivants en terrasse, n'a nul point d'origine identifiable. D'infigurées, les figures figurant sont universellement signifiées, afin d'être les unes *et* les autres, les unes *pour* les autres.

SWAMI VIJAYÂNANDA, *épris de vertige*

S'il en est ainsi, nul sujet ne signifie un objet, ni sujet ni objet n'étant à signifier ?

LOUIS DE FLORAC, *inspiré*

La signifiance, sens figuré,
brille de toutes parts, de nulle part.

Pure signification signifiant toutes figures,
la Kundalini, médiatisant, les sensifie toutes,

les faisant advenir, les unes les autres,
à la signification.

SWAMI VIJAYÂNANDA

Quand une figure est signifiée, l'est-elle en propre ? possède-t-elle son concept ?

LOUIS DE FLORAC

Toute signification peut ressembler à celle d'un concept reflétant un cliché idéel. En effet, un *individu* peut être, à la fois, ce *plagiste* se prélassant et, la minute d'après, ce *baigneur* chahuté par les rouleaux des vagues. Cet individu est donc signifié de deux manières : plagiste et baigneur.

SWAMI VIJAYÂNANDA

En ce cas, n'y a-t-il pas une multitude de concepts possibles pour chaque figure ?

LOUIS DE FLORAC

Il y a une infinité de conceptions possibles se rapportant à telle ou telle figure, mais il ne faut pas envisager la figure comme une substance se parant de telle ou telle idéalité. Absolument, non ! La figure est sans le concept, ne pouvant le porter.

SWAMI VIJAYÂNANDA

Mais… si la figure ne tolère pas le concept, n'y a-t-il aucun concept pour chacune ?

LOUIS DE FLORAC, *héraclitéen*

Non ! La figure ne relève pas du conceptualisable, rien n'étant figé donc définissable. Le baigneur n'est jamais un « baigneur », au sens définitionnel…

SWAMI VIJAYÂNANDA

… et le *swami* n'est jamais le « *swami* » !… que me clames-tu ?! Au moins avec Héraclite, il reste le fleuve… le concept de « fleuve ». À ce titre, serions-nous ce que nous sommes, sans jamais le demeurer ?

LOUIS DE FLORAC

Alléluia… ! La figure exprime ce qu'elle est au moment

où elle l'est, et jamais en dehors ! Imagine ta vie, du commencement à la fin, qui se déroule sur un manège...

SWAMI VIJAYÂNANDA, *au pas, sur un cheval de bois.*

LOUIS DE FLORAC

... le manège ne cessant de tourner, tu regarderais tout naturellement au dehors, détachant ton regard des autres chevaux de bois et des voiturettes. Qu'apercevrais-tu, alors ?

SWAMI VIJAYÂNANDA

Mmm... une très belle sage hindoue pleine de sagesse... je verrais la cour de l'*ashram* emplie d'*ashramites,* assis en lotus, méditant, des *sannyasins* priant, des touristes photographiant des singes, ainsi que de jolis manguiers.

LOUIS DE FLORAC

Apercevant, fugacement, ces choses, pourrais-tu me décrire leurs gesticulations ?

SWAMI VIJAYÂNANDA

Eh, je ne suis pas une caméra ! Je pense que je ne serais pas en capacité de décrire tous les faits et gestes des méditants, renonçants et touristes, ou pire, d'anticiper la position exacte des branches d'un manguier frétillant dans le vent chaud. Non, rien de précis. Par contre, je pourrais sûrement fixer cette scène, tel un cliché photographique...

LOUIS DE FLORAC

... espérons qu'il ne soit pas en noir et blanc ! À cheval et tournant sur le manège, tu aurais été donc incapable de me dépeindre, précisément, ce bout de scène de vie quotidienne, alors, ne tentons même pas de décrire la scène entière !

SWAMIJI, *au trot*

Comment serais-je en mesure de te décrire l'entièreté de la scène, alors que le manège ne cesserait de tourner ? Je n'aurais jamais le même angle de vue et le temps nécessaire !

LOUIS DE FLORAC

J'avoue que son mouvement de rotation t'empêcherait d'embrasser du regard la totalité de la scène… tu ne me l'aurais décrite que d'un point de vue parcellaire et hachuré.

VIJAY, *au galop, sur son cheval de bois.*

LOUIS DE FLORAC

Entrapercevant cette belle cour de l'*ashram*, tout ne serait plus qu'incertitude. Les *ashramites* entrevus ne seraient jamais les mêmes *ashramites*, ainsi que les *sannyasins*, les touristes et les manguiers…

SWAMIJI, *barbe titubante*

Quelle déduction… et les singes… hein ?

LOUIS DE FLORAC

Et, cerise sur le gâteau, pardon, litchi sur le *barfi*… imagine que pourraient bien dire les *ashramites* te voyant, fièrement assis sur ton cheval en bois ?

SWAMIJI, *barbe rougissante*

Ils croiraient à un énième miracle de *Mâ* !… La barbe ne devrait pas être trop longue, sinon elle risquerait de se prendre dans le mécanisme et le gripper. Me scrutant, ils verraient un jeune et élégant *swami*, robe ocre, à cheval sur un manège, les dévisageant avec attention, et, l'apercevant par intermittence, seraient incapable de le décrire avec précision.

LOUIS DE FLORAC

Tel est ton mot final ?…

SWAMI VIJAYÂNANDA

Ma poche d'*ashramite* est vide. Qu'arriverait-il donc ?

LOUIS DE FLORAC

Personne ne verrait personne !

SWAMIJI, *descendant de sa monture*

Mmm… tout changerait trop vite pour que les gens et le *swami* orangé en question, puissent aisément s'attarder sur la scène pour la dépeindre.

LOUIS DE FLORAC, *le sorbonnard*

Telle est la réalité de cette scène, personne ne voit personne, de telle sorte qu'aucun concept ne peut efficacement saisir quoi que ce soit se déroulant ! Le concept, poreux par essence, n'est pas satisfaisant, pure affabulation d'un esprit se représentant une scène qu'il ne peut fixer, et encore moins abstraire. Le concept, fixation partielle et segmentée, ne peut donc, efficacement, représenter rien ni personne. L'individu, tantôt plagiste tantôt baigneur, apparaît être *une fiction conceptuelle*, un pur et simple abus du concept, une torsion de la figuration.

SWAMI VIJAYÂNANDA

En ce cas… le concept étant sur le banc de touche, comment la signifiance opère-t-elle ? hein… ?

LOUIS DE FLORAC

En réalité, chaque figure vient au *sens*, figurativement, à partir du *don* de signifiance prodigué par la Kundalini, l'initiant tel un tampon encreur imprimant, médiatement, son signe sur un papier blanc.

SWAMI VIJAYÂNANDA

L'impression du sens, don de la Kundalini, s'imprimerait-elle donc à la mesure de sa créativité cosmique ?

LOUIS DE FLORAC

Sans bavure ! Toute signification signifiant une figure est une *don-ation* unique, sans équivalent, tels les flocons de neige, uniques, ne se ressemblant jamais…

SWAMI VIJAYÂNANDA

Mmm… mais comment la signification se donne-t-elle en l'absence de concept ?

LOUIS DE FLORAC

Te demanderais-tu comment le *swami*, ressemblant à une orange perchée sur son cheval, se figure être un « *swami* » aux yeux de ceux le contemplant béats ?...

SWAMI VIJAYÂNANDA, *descendu du cheval, pieds à terre*

Tel est mon défi.

LOUIS DE FLORAC

... eh bien... simplement par le médium des *mots* !

SWAMI VIJAYÂNANDA

Il y a un énorme loup là-dessous, n'est-ce pas ?...

LOUIS DE FLORAC, *le cévenol*

... tant que l'on n'habite pas dans le Gévaudan... ! Les mots considérés un à un, les ensembles de mots et les phrases, signifient l'interminable et l'indéterminable figuration des figures, ne s'épuisant jamais.

SWAMI VIJAYÂNANDA, *suspicieux*

Minute papillon... si les mots figurent toutes figures, cela revient-il à parler de concepts les signifiant ?

LOUIS DE FLORAC

Les mots n'ont pas le pouvoir de conférer sens à toutes choses. La Kundalini *don-ne* sens à toutes figures, sans que le sens ne puisse être ni intégralement ni forcément dicible, donc encore moins conceptualisable. La figuration ne peut être enclose par les mots, ceux-ci la dépeignant partialement.

SWAMIJI, *sans mots dits.*

LOUIS DE FLORAC

Les mots sont les *dits* ou les dons, que la Kundalini susurre à sa guise, les mots disant toujours moins que ce qu'ils auraient à dire.

SWAMI VIJAYÂNANDA

Je suis sans voix… cela recoupe l'une des définitions de la Kundalini, selon laquelle elle est *don.*

LOUIS DE FLORAC, *se rappelant de moments joyeux*

Tu parles comme mon grand ami Bernard de Saint-Ger'…

SWAMIJI, *bouche bée.*

LOUIS DE FLORAC

Tout mot est donc figure de l'infiguré ou part révélée d'une insondable totalité. Le mot, signifiant ce qu'il n'est pas en capacité de contenir, est une petite larme de rosée matinale, étant le reflet de l'infiguration.

SWAMI VIJAYÂNANDA

Les mots seraient-ils seulement les miettes d'un *nan*, ce cher pain indien, gentiment posé sur un *thali* ?

LOUIS DE FLORAC

Pour une petite part. Les mots figurent uniquement ce qu'ils peuvent et doivent figurer, selon le bon avaloir de la Kundalini, toute figuration signifiée étant une infime part de l'infiguration.

SWAMI VIJAYÂNANDA

Mmm… si je ne m'abuse, le sens excéderait-il les mots signifiant toutes figures ?

LOUIS DE FLORAC

Sans excès. L'infiguration de toutes figures est l'écrin de la signifiance, étant une matrice d'*in-dicibilité* d'où émerge la signification via le médium des mots, et, telles les gouttelettes jaillissant par milliards du tumulte d'une cascade, les mots, figurant la signifiance, signifient ce qui ne peut être exprimé, les mots étant d'inlassables *figureurs* de l'infiguration.

SWAMIJI, *admiratif*

Joli.

LOUIS DE FLORAC, *non flatté*

Figurant toutes figures, ces figureurs font advenir les figures, les mots étant comme des milliers de barques où luirait, en chacune, une lanterne indiquant leur présence à la surface d'un *immensissime* océan, représentant l'*indicible* signifiance, l'infiguration.

VIJAY, *manœuvrant dangereusement en haute mer.*

LOUIS DE FLORAC

Abord toute… et sans à-coup de barre, capitaine ! Ces milliers de lanternes brillant sur l'eau dans la nuit, sont le signe dicible d'insondables profondeurs indicibles. Ces figureurs d'infiguration, les mots, figurent l'expression de l'énergie, faisant paraître toutes figures au jour, à l'image d'un feu d'artifice colorant, momentanément, une nuit d'encre.

SWAMI VIJAYÂNANDA

Vertigineux… cela rejoint gracieusement notre définition apparentant la Kundalini au *pouvoir de signification d'un mot.*

LOUIS DE FLORAC

Toutes nos délibérations sur le pouvoir de signification d'un mot, me faisaient penser aux chants entonnés, lors des cérémoniaux religieux, dans les églises et les temples.

SWAMIJI, *larmes sur la barbe*

Mâ, lors de ces manifestations, avait une voix radieuse… et l'intention de la parole voilée à l'arrière de son chant m'ouvrit, plus d'une fois, les portes du *Siddhaloka*, le Paradis de ceux ayant reçu la Grâce divine.

LOUIS DE FLORAC

Les mots auraient-ils des possibilités insoupçonnées ?

SWAMI VIJAYÂNANDA

Regarde Louis… grâce à mon invocation, nous avons *transplané* jusqu'ici, en Inde !

LOUIS DE FLORAC, *espiègle*

Tu as donc de grands *siddhis*, des dons !… Est-ce pour cela que tu t'es caché sept ans dans les Himalayas ? Humilité oblige…

SWAMIJI, *gêné*

Je ne me suis pas « caché » dans les montagnes, je me suis « retiré »… nuance ! Désormais pur esprit, je manifeste mes dons innés… après tout, *Mâ*, à mon entrée à son service, m'a baptisé « Victoire de la Béatitude »…

LOUIS DE FLORAC

Est-ce la signification sanskrite de « *Vijaya-ânanda* » ? Je ne te savais si élevé spirituellement…

SWAMIJI, *rougissant*

… disons que j'ai quelques options ! Quant à *Mâ*, chantant mélodieusement pour *Krishna*, elle entrait en une dévotion teintant ses paroles d'un *je-ne-sais-quoi…*

LOUIS DE FLORAC

… un « *yo no sé que…* » comme l'aurait murmuré un saint carme espagnol du XVIème siècle… Laisses-tu entendre que la dévotion de *Mâ* fut telle, que son chant et sa parole, étant empreints d'une énergie mystérieuse, allaient percuter le cœur de son auditoire ?

SWAMIJI, *nostalgique*

Écouter une sage chanter Dieu est bouleversant ! Les chants entonnés prennent une coloration singulière, vibrant de la vie de *Krishna*, tant et si bien que les mots clamés, chargés d'énergie, trouvent toute leur efficace.

LOUIS DE FLORAC, *perçant le mur du son*

Lors du chant sacré, *Mâ* faisait figurer l'infigurable, sa force dévotionnelle envers *Krishna* faisant advenir à la figuration l'essence divine cachée à nos yeux.

SWAMI VIJAYÂNANDA

Dès que *Mâ* chantait un chant dévotionnel sacré, un *bhajan*, il ne fut pas rare que *Krishna* ou *Shiva* apparaissent en personne. Sa puissance d'adoration mobilisait une telle énergie, que les mots débordants de foi, ouvraient une rivière de grâce provenant de l'au-delà. Les mots possèdent un pouvoir impactant le tissu de la réalité ; ils sont, effectivement, *efficaces*, comme l'entend une autre définition.

LOUIS DE FLORAC

Ce principe se retrouve-t-il dans les hymnes sacrés, les *mantras* ?

SWAMI VIJAYÂNANDA

Depuis les temps védiques !

LOUIS DE FLORAC, *attentif.*

SWAMI VIJAYÂNANDA

Les *brahmanes*, les prêtres, sacrifient aux dieux à l'aide de *mantras*, formules incantatoires, qu'ils répètent de nombreuses fois afin qu'ils produisent un effet spirituel impactant la réalité.

LOUIS DE FLORAC

Si ce n'est pas trop indiscret… comment s'y prennent-ils ?

SWAMI VIJAYÂNANDA, *english detective*

Élémentaire, mon cher Louis… en théorie ! Le *brahmane* concentre sa parole et son esprit sur une formule, par exemple celle du Nom de Dieu « *Ram… Ram…* », jusqu'à atteindre la Libération spirituelle. Le *mantra*, bien compris, ne sert que ce but, sinon le pouvoir des mots est détourné au profit d'entreprises mondaines et, parfois, néfastes.

LOUIS DE FLORAC

Les mots, figureurs de l'indicible, disent le dicible, disant ce qui seul peut être le dit d'un dire, et ne disant ce qui ne peut être dit, étant le dire dicible de l'indicible.

SWAMI VIJAYÂNANDA

Mmm… on ne peut dire ce qui ne peut pas être dit. Cela paraît évident. Toutefois, si une grande part de la figuration du monde se joue en arrière-scène, pourquoi les mots ne peuvent-ils en rendre compte ?

LOUIS DE FLORAC

Les mots ne figurent *seulement* que ce qu'ils figurent ; ils ne disent pas ce qui ne figure pas, dans la mesure où l'indicible de l'infiguration est inadéquat pour figurer. Au théâtre, la pièce jouée sur scène se déploie autour d'une trame narrative savamment orchestrée, visible par le public, où comédiens, décors et rebondissements en tous genres pondèrent son déroulement. Les comédiens incarnant diverses figures, les mots dicibles, apparaissent habillés tantôt comme si tantôt comme ça, changeant sans cesse de personnalité, un héros dans son château ou un couard dans sa geôle, alors qu'un roulement entre la scène et l'arrière-scène, le passage de l'indicible au dicible, bat son plein mobilisant costumiers, maquilleurs et décorateurs ; la scène dissimule cette arrière-scène, l'indicible, où tous les évènements sont minutieusement préparés. De fait, les mots assument un rôle de figuration, le dicible, tandis que l'indicible, tel un préparateur en coulisse, organise ce qui va figurer comme dicible.

SWAMIJI, *mystérieux*

Une fois, lors des festivités en l'honneur de *Mâ*, je m'éclipsai du lieu de cérémonie, et, au détour d'une ruelle mal éclairée, je tombai sur un théâtre de rue jouant une anecdote du *Râmâyana* mettant en scène la vie du dieu *Râma*, une des incarnations du dieu *Vishnu*, l'un des trois visages du suprême Seigneur.

LOUIS DE FLORAC

Pareillement, à la faveur d'une nuit profonde illuminée par une lune proéminente, je croisai un théâtre de rue, où moult indiens réunis admiraient je ne sais quel épisode de cette épopée. Tout s'enchaînait à merveille… les expressions des visages entièrement peints étaient pittoresques, et les acteurs, méconnaissables, étaient métamorphosés par le maquillage et leurs expressions.

SWAMI VIJAYÂNANDA

Nos sorties nocturnes en Inde se ressemblent. Cela fait bien longtemps que je n'ai pas fermé l'œil, pour la simple et bonne raison qu'en ma demeure céleste, il n'y a ni nuit ni jour. Du reste, même les mots ne peuvent décrire mon séjour…

LOUIS DE FLORAC

Pardon… pardon… « Monsieur » *Vijay* n'entend guère partager son indicible vie privée… Mmm ?

SWAMI VIJAYÂNANDA, *sérieux*

Subissons-nous, inéluctablement, l'indicible ?

LOUIS DE FLORAC, *rideau se levant*

Rien ne s'oppose à l'advenance de l'indicible,
invisible et plus silencieux que le silence.
Jaillissant de nulle part, tel un volcan,
il irruptionne comme figuration.

SWAMI VIJAYÂNANDA, *sourcils froncés*

La figuration du monde serait-elle… imprévisible ? Cela m'effraie.

LOUIS DE FLORAC

Rassure-toi, la figuration du monde n'a rien à craindre de l'indicible… ! L'indicible pondère le naître de toutes figures, la figuration du monde étant possible car il s'active en coulisse. Demande le scénario à la Kundalini !

SWAMI VIJAYÂNANDA

Je tâcherai…

Louis, ectoplasmique, toujours immergé dans le Gange, perçoit un inextricable brouhaha le percutant de tous côtés. « Qu'est-ce ? » balbutie-t-il à *Vijay*, « *Haridwar* ! » gronde-t-il fièrement, barbe relevée. Louis, fraîchement débarqué à *Haridwar*, l'une des sept villes sacrées de l'hindouisme où, dit-on, celui qui se baigne voit ses péchés pardonnés, et éprouvant, à nouveau, les fugaces sensations de la vie, songe à sortir des eaux bienveillantes, quand une pluie de milliers de papillons déferle telles de fines et douces gouttelettes s'abattant gracieusement sur une nature à peine réveillée. *Vijayânanda* et Louis, surpris autant que joyeusement ébahis par ce déferlement les traversant, se sentent accueillis en cet inestimable lieu où le Gange se divisa en sept bras pour ne pas perturber l'insondable recueillement des *Rishis*, les *saptarsis*, les sept sages ayant entendu la révélation du *Véda*. L'inestimable averse passée, notre *swami* ainsi que son hôte s'engagent le long de la rive du Gange et, en un silence peu coutumier pour ces deux, observent ingénument l'inexprimable gesticulation urbaine voguant sous leurs yeux.

D'insolites tricycles motorisés, composés d'un aluminium, jaune de préférence, supporté par de maigrelettes roues et surmonté d'une capote noire abritant d'heureux locataires, frappent Louis par l'incessant bruiement de leur klaxon à main et leur incomparable agilité à zigzaguer entre les taxis, les motos, les hommes, les renonçants et les vaches qui se pressent, se mêlent et s'entremêlent de toutes parts sur l'unique chaussée… « des *rickshaws* ! » glisse subitement *Vijay* à l'oreille trop encombrée de Louis, décontenancé autant que stupéfait par cet inextricable spectacle.

Ce monde déjà maintes fois parcouru et, cette fois-ci, contemplé ectoplastiquement, s'ouvre de façon exacerbée aux sens de Louis qui, malgré son détachement intérieur, ne peut demeurer insensible aux charmes de la civilisation indienne moderne où les vaches sacrées aux cornes colorées côtoient aisément les dernières voitures « Tata » plus rutilantes et brillantes les unes les autres, tandis que d'inenvisageables bicycles verts d'avant-guerre à l'allure hollandaise rivalisent brillamment sur le bitume aux côtés de motos « *Royal Enfield* » tout juste sorties d'usine. L'indémêlable enchevêtrement humain, animal et mécanique, noyant Louis sous un flot insubmersible de perceptions visuelles, auditives et sensitives, l'invite, irrésistiblement, à explorer plus avant les beautés et les incongruités de la maestria indienne, en parcourant la cité au côté de son *swami* expert en la matière…

LOUIS DE FLORAC, *hébété*

On se croirait dans un autre monde, *Vijay* !…

SWAMI VIJAYÂNANDA, *fier*

Ce n'est que le hors-d'œuvre…

LOUIS DE FLORAC, *impatient*

Je patienterai jusqu'au dessert.

SWAMI VIJAYÂNANDA, *criant pour se faire entendre*

L'irruption de l'indicible n'étant pas hasardeuse, figure-t-elle tous évènements, les prévisibles autant que les imprévisibles ?

LOUIS DE FLORAC

Rien ne figure arbitrairement. L'*advenance* de toutes figures, *l'advenir-au-monde*, exclue tout *accident*, tout évènement étant *configuré* au sein de l'indicible qui est puissance d'advenance et évènementialité inconditionnelle.

SWAMIJI, *apeuré par l'imprévisible.*

LOUIS DE FLORAC

La Kundalini *infigure* ce qu'elle médiatise *avant* le médium des mots donc des figures, celle de la peur par exemple, les mots déclosant l'indicible au cœur du dicible, ne les *re-tenant* jamais en otage, l'indicible ayant vocation à être dit et n'être pas dit.

SWAMIJI, *confiant*

Mmm… cet *avant-monde,* l'infiguré, est-il un arrière-monde ?

LOUIS DE FLORAC

Pas le moins du monde ! L'avant-monde est ce qui advient, il est à l'image des coulisses d'un théâtre, où décors et costumes sont prêts à figurer sur scène pour être admirés par le public impatient. Tout ce qui se prépare en cet avant-monde *advient-au-monde*, alors qu'un arrière-monde se situe et se constitue *à part* du monde.

SWAMI VIJAYÂNANDA

L'arrière-monde se présenterait-il comme une vie en coulisse indépendante de la vie de scène ?

LOUIS DE FLORAC

Oui, abusivement. Le décorateur irait voir son amie maquilleuse, et tous deux, papotant, ne se soucieraient guère de la scène. La Kundalini infigure l'indicible afin qu'il figure le dicible, jamais l'inverse.

SWAMI VIJAYÂNANDA

Éclaire-moi ! L'huile végétale dans ma lampe à huile est inapparente, et pourtant, elle la fait fonctionner en permettant la production d'une flamme illuminant mon ermitage himalayen… ton avant-monde se comparerait-il au réservoir à huile de ma lampe ?

LOUIS DE FLORAC

Oui, ton illustration est bien huilée… L'huile végétale alimentant ta lampe n'a qu'un dessein, la faire fonctionner afin qu'une flamme éclaire toutes choses. Cet avant-monde intimant toute figuration, octroie le nécessaire, l'infigure, afin de figurer toutes figures.

SWAMI VIJAYÂNANDA

Mmm… si le dit se figure à partir de l'indicible, est-il, peu ou prou, infiguré ?

LOUIS DE FLORAC, *chantonnant*

Ce qui se dit ne peut pas ne pas être dit.
Le dit infiguré dans l'indicible étant
un in-dit ouvrant le don à tout dit,
ornant d'une parure secrète
le dit de tout dicible…

La parole sacrée

Battant d'un pas mélodieux la rougeoyante terre indienne, *Vijay* faufile sa silhouette filiforme à travers l'indénouable dédale de formes humaines et mécaniques plus gracieuses et démodées les unes les autres, et rompant abruptement sa joyeuse cadence au milieu d'un amas de fumée grisâtre crachée par un bus hors d'âge, il décide de conduire Louis à l'écart de la foule, qui, se cramponnant aux flancs de son ocre baroudeur expérimenté, se laisse porter, en toute sûreté, à travers la masse impossible de pèlerins montant aux sources éternelles du Gange, et, aussi chahutés que ballotés par ce flot d'humanité aux senteurs et aux saveurs insolites, ils débarquent, *in extremis*, sur la rive du trottoir d'en face. Croisant de temps à autre l'œil insouciant de son *ocrissime* et corporel *swami*, Louis lui intime de jeter l'ancre dans l'une des innombrables boutiques habillant une des rues grouillantes d'*Haridwar*.

Dépassant et s'étalant telles les défenses d'un éléphant, les *shops* donnant sur la rue se suivent, se poursuivent et s'imbriquent les uns les autres, à la manière des alvéoles d'une ruche ; disposés horizontalement autant que verticalement de part et d'autre des deux murailles d'habitations encerclant la route, ils proposent, depuis leurs devantures multicolores délavées ou arborant de simples briquettes plus ou moins alignées et entières, toutes sortes de produits et marchandises venus des quatre coins de l'Inde, allant des plus utiles aux plus inutiles, tandis que les marchands, parfois plus larges que minces en raison de leur statut privilégié de commerçant, la fameuse caste des *vaishyas*, proposent, souvent plus assis que debout et en criant autant qu'en ne disant mot, leurs mets, matériels ou nourriciers, de telle sorte que la collision de leur voix attirent étrangement les pèlerins perdus qui, une fois l'unique syllabe se dégageant de la percussion de toutes leurs clameurs ayant perçu l'appel de l'un d'eux, s'attablent et s'attardent à dévorer des yeux ou de la bouche les biens proposés.

SWAMI VIJAYÂNANDA

Sur quelle boutique allons-nous jeter notre dévolu… ?

LOUIS DE FLORAC, *les observant sans se décider.*

SWAMI VIJAYÂNANDA

Je m'arraisonne à *Mâ*… elle m'inspire grande science ! Une définition de la Kundalini spécifie qu'elle est une *épée*…

LOUIS DE FLORAC

… à double tranchant ?! Si tel est le cas, chacun des côtés de la lame doit avoir une fonction bien déterminée.

SWAMI VIJAYÂNANDA

Qu'en sais-je… Le *dit* correspondrait-il au tranchant effilé et l'*indit* à la partie émoussée ?

LOUIS DE FLORAC

Considérons plutôt les deux tranchants effilés, d'un côté la lame du dit, le dicible, et de l'autre celle de l'indit, l'indicible.

SWAMI VIJAYÂNANDA

Si ton épée ressemble à un sabre, s'agirait-il du fameux *talwar* du nord de l'Inde à la longue lame courbée ? hein… ?

LOUIS DE FLORAC

Je ne suis point spécialiste en armurerie indienne. Toutefois, ton *talwar* s'apparenterait avantageusement à la description d'une lame, dont l'intérieur légèrement courbe, le faible symbolisant l'indit, soutiendrait le côté effilé, le fort symbolisant le dit. Cette épée, symbole de l'indicible et du dicible, inspirerait *primauté*, *autorité* et *sentence*, car adoubant autant que châtiant.

SWAMIJI, *baissant la tête*

Je respecterai ce sire en arme… cependant, si l'épée est au fourreau, que symbolise-t-elle ? hein… ?

LOUIS DE FLORAC

Eh bien… elle symboliserait le potentiel de la Kundalini endormie, attendant d'être tirée de son séjour nocturne.

SWAMI VIJAYÂNANDA

Mmm… et maintenant, si l'épée, tirée du fourreau, croisait le fer avec une autre lame ?

LOUIS DE FLORAC, *prolifique*

La Kundalini, épée tirée du fourreau,
croisant le fer avec une autre lame,
symboliserait l'advenue d'un indit
essentiel, impérieux, inassignable, imprescriptible,
manifesté lors d'une expérience spirituelle,
transformant tout dit en parole sacrée,
le divin se faisant entendre.
L'indit, symbole de l'épée,
advenant au dit comme parole,
fendrait toutes figurations.

L'indit de l'indicible,
au cœur du dicible,
parole insufflant figure
à la figuration du monde.

SWAMI VIJAYÂNANDA

Miracle ! Un jour, lors d'une cérémonie religieuse, *Mâ* arrêta une pluie torrentielle qui se déversait sur la plaine, en murmurant mystérieusement… Ne ferais-tu pas allusion à ce genre de paroles ?

LOUIS DE FLORAC

Sans contredit ! L'indit, se retirant de l'indicible en passant par-delà l'indicibilité, advient comme parole qui *trans-figure* la figuration du monde. L'indit, ne pouvant figurer, advient étrangement à la figuration, défiant toute logique.

SWAMI VIJAYÂNANDA

Je le soupçonnais… L'indit, transfigurant, est la divine parole dont *Mâ*, la grande sage, disposait pour opérer des miracles ?

LOUIS DE FLORAC

Assurément. Mais ayons à l'esprit que cette parole transfiguratrice n'est pas un redoublement du dit, elle est un chevauchement de l'indit à l'endroit du dit. Cette parole est un débordement de l'indicible advenant au dicible.

SWAMI VIJAYÂNANDA

Un raz-de-marée de grâces ! Mmm…

LOUIS DE FLORAC, *englouti par le flot.*

SWAMI VIJAYÂNANDA

Cette parole transfiguratrice, symbolisée par l'épée, en quoi aurait-elle la primauté, l'autorité et la sentence ?

LOUIS DE FLORAC

Eh bien… cette parole est comme une épée, dans la mesure où elle tranche, résolument, la trame de toute figuration, perçant son cœur en réalisant l'impossible, le miraculeux, la parole transfiguratrice ayant *primauté* sur le dit de toutes figures, à l'image d'une épée sur toute autre arme.

SWAMIJI, *à moitié convaincu…*

LOUIS DE FLORAC, *l'indianisant*

Pense à *Indra*… ou bien à…

SWAMI VIJAYÂNANDA, *le fendant*

… dans la *Torah*, pardon… dans le *Véda*, l'épée représente la foudre d'*Indra*, le roi des dieux ; elle symbolise aussi la connaissance spirituelle octroyant la Libération ; le cavalier, la brandissant, tranche le voile de l'ignorance.

LOUIS DE FLORAC

J'ignorais cela. L'épée, symbole de la connaissance libératrice, *prime* donc sur toutes autres connaissances, les dépassant et les couronnant, dans la mesure où la lame, symbole de l'intuition, permet de séparer, avec netteté et précision, le réel de l'irréel, en vue de réaliser *Moksha*, la Libération. Ce symbole s'apparente à la méthode de *discrimination intellectuelle* de *Shankara*.

SWAMI VIJAYÂNANDA, *docte*

Shankara, l'initiateur de la *non-dualité* en Inde, s'est abreuvé à la source des *Védas*, ses commentaires sur les *Upanishads* ont fait *florès* trois siècles après son *Samâdhi*. Toutefois, *Mâ* enseignait aussi la voie de l'amour pour Dieu, privilégiant l'une ou l'autre des voies, connaissance ou amour, selon le *karma* du disciple, les possibilités liées à son destin.

LOUIS DE FLORAC

Cela fait sens ! Toutes quêtes de Dieu débutent par l'amour et s'approfondissent par la connaissance, lesquelles permettent de le *re-connaître* comme le Soi de notre soi.

SWAMI VIJAYÂNANDA

Dénommes-tu toujours le divin par « Dieu » ?

LOUIS DE FLORAC

Le nommer « *Atman* », le soi le plus profond, n'est pas l'usage, alors que le nommer « Dieu », crée en moi un sentiment spirituel d'amour l'évoquant, l'invoquant et le convoquant à toute heure. Ce nom, *autorité* de la parole transfiguratrice, redonne figure au *dé-figuré*, me faisant passer intérieurement comme au fil d'une épée.

SWAMI VIJAYÂNANDA

S'agit-il de la grâce divine ? hein… ?

LOUIS DE FLORAC

Gracieusement... Ce nom, *parole de la parole*, redonne figure à travers l'indit transfigurant les figures. L'épée, symbole de la parole des paroles, rétablit et établit la figure *dé-figurée.*

SWAMIJI, *s'échevelant la barbe.*

LOUIS DE FLORAC

L'indit transfigurateur *re-dit* le dicible, l'indicible disant plus que le dicible. L'outrepassement de l'indicible est une *sentence* qui reconfigure toutes figures, la parole sacrée transfigurant, par sa grâce, toutes figures.

SWAMI VIJAYÂNANDA, *étincelant*

Mmm... ce jour-là, *Mâ*, grâce à la sentence de sa parole, impacta la figure de la pluie qui cessa aussitôt, influençant la figuration, sans qu'il ne put en être autrement.

LOUIS DE FLORAC, *émoussé*

La parole reconfigure toutes figures, la transmuant miraculeusement en une autre.

SWAMI VIJAYÂNANDA

J'ignorais que le « talwar » eût cette capacité...

LOUIS DE FLORAC

... seulement dans la main d'un sage ! L'épée, à l'image de la parole transfiguratrice, assène un coup décisif à toute figure quêtant un supplément de grâce, en faisant advenir l'indicible.

SWAMIJI, *taquin*

Décidément... la parole « dit » plus haut et plus fort, ce que les mots ne disent ! La parole n'est pas affaire de volume sonore, mais de volume intérieur... La Kundalini, comme épée, est donc parole transfiguratrice !

LOUIS DE FLORAC, *buvant ces mots.*

SWAMI VIJAYÂNANDA

Celui qui est visité par la Kundalini ne devrait jamais la

contrarier, car, si d'aventure elle parlait, il devrait en assumer la sentence.

LOUIS DE FLORAC

Plus pour le meilleur que pour le pire… sachant que son pire est toujours le meilleur ! Comment croirait-on que celle dont le nom sous le ciel est aussi grand que celui de Dieu, commettrait l'iniquité ?

SWAMIJI, *aphone.*

Louis, n'échappant guère à l'attraction terrestre du lieu, s'installe avec *Vijay* à une terrasse, en s'attablant sur une chaise jaune sans accoudoirs, pointillée de rouge, au dossier pliant fortement sous l'incalculable poids de Louis, face à une table en plastique, style XXème, le tout disposé sur un sol battu. Intrigué par les délices olfactifs se répandant autour de l'indescriptible réduit où cuisine un brave homme moustachu à la tunique blanchâtre tâchée de noir et de jaune, Louis commande, par l'intermédiaire de *Vijay*, montrant du doigt l'assiette d'un autre convive, un plat aux atours curieux ainsi qu'un jus de mangue gonflé du lait de quelques vachettes sacrées assurant l'approvisionnement permanent de cette denrée deux rues derrières, débouchant, directement, au bas des contreforts himalayens.

Attiré par l'intrigante commande de son jeune compère, *Vijay* tend l'œil plus que de coutume, attendant la suite… et, ne s'y étant nullement trompé, il dévisage autant qu'observe, sourire rentré, Louis, tentant de saisir, en vain, les *idlis*, sorte de petits pains de riz chauds compacts, accompagnés de sauces, échus en son auge d'aluminium avant que, désespéré, il ne tente, toujours vainement, d'aspirer par la paille le liquide jaune orange précieux en son verre haut-de-forme. Comprenant qu'en son état il ne perçoit seulement que la diversité des choses l'entourant, Louis abandonne son repas, tandis qu'innocemment, *Vijay* s'en repaît goulûment, remerciant à voix basse les divinités locales…

REFRAIN

Ton ineffable nom, qui saurait le dire ?
Poètes et conteurs jamais ne le clament.
Inaccessible, lettres et paroles manquent.
Révèle-moi donc, qui il est !

De toi, dit-on, nul accès par l'intelligence,
ni connaissance par science.
Comment te révérer, si impénétrable tu es,
chants et offrandes y suffiraient-ils ?

Qui sait, l'ascète et le philosophe,
par dévotion ou introspection, te découvriront ?
Et si, fortunés de grâce, ils réussissent,
décèleront-ils ton mystère ?

COUPLETS CÉLESTES

C'est moi qui enfante le Père au sommet de ce monde.
Mon origine est dans les Eaux, dans l'océan.
De là je me suis répandue à travers tous les êtres,
et touche le ciel même du versant de mon crâne.

Hymne à la Déesse, *Devîsûkta*,
Rig-Veda, 10.125, p. 339

La présence secrète

S'étant repu du charnel plat d'*idlis* et du verre de *mango lassi* savamment engloutis au cours de l'irréductible débat faisant rage, notre ocre *swami* repart de plus belle, bien décidé à s'éloigner du centre-ville grouillant de pèlerins en tous genres venus admirer les indescriptibles beautés des Himalayas, le temple de *Manasa Devi* ou encore ressentir le sempiternel parfum de spiritualité planant sur ces lieux.

Fendant résolument la foule informe et désordonnée régnant sur la veine principale d'*Haridwar*, nos compères débouchent, par surprise, sur le temple de *Das Mahavidya* tout de blanc vêtu, imposant, sans trop prendre de place, un style antique hindou non vieilli qui, ni démodé ni démodant, susurre, à travers ses courbures et ses chatoyants traits, un sentiment de convivialité, invitant le pèlerin, par ses moults coloris tachetés de rouge, de jaune, de vert et de bleu en façade, à se rassasier des hymnes et des sacrements qui y sont dispensés. Agréablement surpris par ce bâtiment sacré aux dômes arrondis, et sortis d'une improbable nuée humaine ne laissant guère d'espace pour entrevoir quoi que ce soit d'autre, Louis autant que *Vijay* prennent le parti d'y pénétrer pour en contempler les joyaux immobiles en lesquels se reconnaissent les grandes divinités de l'hindouisme. S'avançant sous l'humble et mince porche de l'entrée, leur attention est déviée par le ronflement grave, puissant et harmonieux d'une trompe d'éléphant.

Observant les alentours, en balayant prudemment leur tête de gauche à droite tout en étirant le cou pour se grandir de quelques millimètres, nos deux aventuriers des profondeurs finissent par repérer un bout de trompe animale dépassant suspectement de l'une des colonnes ornant le devant du sanctuaire. Louis, sur le qui-vive, interroge implicitement *Vijay* qui lui glisse solennellement « ne soit pas étonné, c'est un petit *Ganesh* vivant ! », « petit, petit… » s'étonne secrètement Louis à la vue de l'énorme mammifère juché sur quatre larges et longues pattes, imposant un respect immédiat à tout visiteur s'avançant, et qui, armé de sa longue trompette ondulante se balançant souplement tout le long du jour, bénit les dévots et les curieux.

« Quel est son nom ? » adresse ingénument Louis par l'intermédiaire de *Vijay*, au dresseur de la ravissantissime bête. « *Lakshmi* ! » retourne-t-il prématurément, sans comprendre la question adressée par notre *swami* en français, par inadvertance… Renseigné sur le nom de cette mademoiselle capée d'une magnifique étole auréolée d'un *Ganesh* et posée sur sa peau bleue-grise drue, craquelée, parcourue d'une intouchable pilosité, et affublée d'une peinture du symbole « *AUM* », Louis entend, légitimement, se faire adouber par la déesse de ces lieux.

Vijay, ayant saisi son intention, s'avance copieusement le premier, suivi de Louis, et ramasse des denrées disposées aux incomparables pieds de l'éléphante pour les offrir, le plus humblement du monde, à sa révérissime trompe. Tous deux, têtes légèrement baissées vers l'avant, se prosternent tels des sujets attendant d'être bénis par leur reine et espérant la bénédiction de son royal sceptre qui, gracieusement autant que lentement, saisit les offrandes, les mange, et, une fois nourrie par ces mets, s'appose langoureusement sur la tête du *swami*, priorité aux religieux, avant de passer littéralement au travers de Louis… !

« L'éléphantidé, maître du cérémonial, aurait-il manqué la pose de son interminable nez sur ma caboche ? » s'interroge soudainement Louis, « nullement mon cher et jeune ami » le dévisage caustiquement *Vijay*… « rien n'a évolué depuis le repas de tout à l'heure » ajoute-t-il de surcroît. Louis, visiteur impromptu et fraîchement débarqué du Père Lachaise, se résout docilement à cette épreuve, remerciant par une révérence mémorable l'ambassadrice du temple qui, à la stupéfaction de *Vijay*, s'exécute semblablement. Louis reprendrait-il la main ?

LOUIS DE FLORAC, *transparent*

Je te remercie, ô divin *Ganesh*… inspirateur et protecteur des écrivains !

SWAMI VIJAYÂNANDA

Une éléphante médium… décidément !

LOUIS DE FLORAC, *ravi*

Kundalini, cette servante,
en son divin office,
n'accomplit rien.

Ni ne murmurant
ni ne clamant,
elle est parole.

SWAMIJI, *main sur l'oreille droite*

Mâ va finir par me percer le tympan… elle nous confie que la Kundalini est définie comme *l'assistance.*

LOUIS DE FLORAC

La Kundalini, comme assistance, soutient toute figuration, ne supplantant aucune figure. Nul ne la voit à l'œuvre… qui pourrait dire « je l'ai vue accomplir ceci ou cela ? »… personne !

SWAMI VIJAYÂNANDA

Mmm… mouvrait-elle les faits et gestes de toutes figures, sans que nul ne le sache ?

LOUIS DE FLORAC, *saisissant son ectoplasmique téléphone*

Selon le *Dictionnaire de l'Académie Française*…

SWAMI VIJAYÂNANDA, *bras croisés*

Une fois n'est pas coutume.

LOUIS DE FLORAC, *reprenant*

… selon le *Dictionnaire de l'Académie Française*, l'assistance est une « présence ». La Kundalini acte donc, telle une main invisible présentifiant toutes figures, étant l'inextinguible présence.

SWAMIJI, *ému*

J'en suis tout retourné…! La Kundalini présentifierait donc la figuration du monde ?

LOUIS DE FLORAC

Présentement ! Cette définition, que *Mâ* t'a confié, complète le fait que la Kundalini soit une présence présentifiant le présent comme énergie, par le fait qu'elle soit une présence *présencifiant* le présent, en tant qu'assistance.

SWAMI VIJAYÂNANDA

J'en perds mon français, ne l'ayant pratiqué depuis des années… À quoi riment une présence présentifiant et une présence présencifiant ?

LOUIS DE FLORAC

Reprenons. Le présent est-il la présence ?

SWAMI VIJAYÂNANDA

Difficile. La présence ne s'amarrerait-elle pas au présent, pour être présence ?

LOUIS DE FLORAC

Largue les amarres ! La présence ne dérive pas du présent, mais le présent dérive de la présence. Toute figure est présencifiée, avant d'être énergétiquement présentifiée, la *présentification* étant subséquente à la *présencification.*

SWAMI VIJAYÂNANDA

Le présent nécessite la présence pour être le présent…

tant et si bien que la Kundalini serait à la fois présence et présent ? hein…?

LOUIS DE FLORAC

Sans contradiction. Le présent, avant d'être présent, est présencifié par la présence.

SWAMI VIJAYÂNANDA

Mmm… la présence, sous-jacente aux figures, présencifierait-elle le monde afin de le présentifier ?

LOUIS DE FLORAC

Il n'y a pas d'un côté une présence présencifiant et un présent présentifiant de l'autre. Toute présentification du présent est présence présencifiée. En cela, l'assistance, comme présence présencifiant, *sous-porte* la figuration de toutes figures, tout *inadvenance* et tout advenance à la figuration étant conditionnées par la présence.

SWAMI VIJAYÂNANDA

Souvent, le présent est considéré comme immuable. Or le tien, n'est-il pas trop instable ? hein…?

LOUIS DE FLORAC

Le présent est le point de bascule de ce qui déjà n'est plus présent, étant si changeant qu'il est impossible à saisir, dans la mesure où ce n'est pas le présent qui est présent, mais la présence présencifiant le présent.

SWAMI VIJAYÂNANDA

Notre souveraine himalayenne doit-elle donc être comprise comme assistance présencifiant le monde, et non le présentifiant ?

LOUIS DE FLORAC

Oui, elle présencifie le monde, sans aide de ma part ! Notre belle assistance, la Kundalini, soutient, par sa présence, un présent mondain présencifié. Toute figure figurant est sous-portée, sans le savoir. Le *swami* présentant un *prasad*, une offrande de nourriture, à *Ganesh*, est *assisté* pendant le rituel, la présencification du divin infiguré jaillissant en direction de l'offrande transfigurée par l'énergie, devenant offrande sacrée habitée du divin.

SWAMI VIJAYÂNANDA

Tout ce qui est présent, ce qui figure, est, par nature, présencifié. Toutefois, concernant le *prasad*, la présencification est-elle redoublée ?

LOUIS DE FLORAC

Il ne peut y avoir double présencification. L'officiant, offrant à *Ganesh*, reçoit la présencification transfigurant la figure du *prasad.*

SWAMI VIJAYÂNANDA

En ce qui concerne la grâce, la présence se révèle donc au cœur du présent ?

LOUIS DE FLORAC

Uniquement en ce qui concerne la grâce, car la présencification au cœur du présent de la figuration demeure rare et miraculeuse, n'étant pas la règle.

SWAMIJI, *marmonnant sous sa barbe*

C'est pourquoi la Kundalini est assimilée à une *aide*…

LOUIS DE FLORAC

Officieusement, étant aide et assistance, elle pourrait revêtir le nom d'« *Assistante* ».

SWAMI VIJAYÂNANDA

Si *Mâ* est d'accord ?… elle l'est, rien n'y contrevient !

LOUIS DE FLORAC

La Kundalini, comme assistance, présencifie donc toute figure, dès lors qu'elle est appelée, l'appel étant la condition pour l'inconditionnel, le marchepied de la présencification.

SWAMIJI, *ventre et barbe au sol*

Que dois-je faire pour l'appeler ? hein… ?

LOUIS DE FLORAC, *opportuniste*

« Relève-toi et marche… ! ». Elle t'a déjà répondu, et quelle réponse… vivre aux pieds de *Mâ* !

SWAMIJI, *sifflotant.*

LOUIS DE FLORAC

L'appel devenant *supplique*, élève à la parole, invitant l'indicible au dicible, la présence au présent.

SWAMI VIJAYÂNANDA

Mâ n'a pas eu l'air d'implorer le divin pour que la pluie cesse… ayant fusionné avec le divin et vivant son existence, chacun des mots se dessinant sur ses lèvres était parole transfiguratrice, un appel du divin au divin appelant sa présence à être présentifiée au monde.

LOUIS DE FLORAC, *transporté*

Ô Kundalini, Assistante redoutable…

Transcendant les lois de la nature,
le temps et l'espace
se courbent en ta faveur,
aidant celui t'implorant.
Assistant ceux qui t'appellent
avec cœur et révérence,
transmuant tout mot en parole,
fais advenir l'inadvenance !

Secours sans équivalent,
tu te dévoues, fil d'or
liant non lié, entre
Dieu et hommes.

Épaulant toute figure figurant,
tu assistes, sans failles,
au côté et au travers,
demeurant en ton adoubé.

LES VISAGES DE LA DÉESSE

L'intarissable débat ne prenant congé, le jour finissant invite le crépuscule qui rompt la marche du jour. Tatillonnant, sautant et papillonnant d'une idée à une autre, Louis et *Vijay* ne voient guère les premiers rayons d'obscurité poindre à l'horizon, alors que le cheminement, tant sur les berges du Gange qu'à propos de la Kundalini, s'étend, sans s'étaler, au long cours de l'inaudible flot sacré coulant imperturbablement de vallées en vallées jusqu'à mourir dans l'océan indien.

Le floracois et le kankhalais ayant déjà quitté la ville aux chatoiements multicolores depuis quelques bonnes enjambées, mirent dans les reflets incertains du fleuve béni les derniers éclats de l'illustre soleil, quand Louis aperçoit, stupéfiait, un yogi saluant solennellement l'astre lumineux… « n'est-ce pas au petit jour qu'on le révère ? » s'étonne-t-il, « il lui dit “au revoir”… » laconise maigrement *Vijay* happé par quelques formes étincelant dans le lointain. Notre *swami*, mystérieusement absorbé par de fluettes silhouettes émergeant au loin à la faveur des ombres tombantes faisant, paradoxalement, briller certaines toitures, se retrouve, sans crier gare, mains jointes sur le cœur, à les contempler intensément. Son regard, vieilli autant que rajeuni par d'interminables années de méditation, se perd en une vénération toute présente au-dedans. Poussant un inaudible soupir, *Vijay*, serein, surpris et exalté, reconnaît les cônes s'esquissant en la tombée de la nuit intensifiant les menus rayons solaires les faisant apparaître. « *Jai Ma, Jai Ma…* ! » exulte-t-il discrètement en sa barbe transfigurée, et, sans nulle permission, s'élance à pas monastiques de moyenne cadence en direction d'un grand dôme nacré les surplombant tous, tel un chêne majestueux trônant dans une clairière, au sommet duquel rayonnent les éclats d'un chapeau d'or.

Arrivés bien rapidement aux pieds de ce sommet enneigé rivalisant dans les yeux du *swami* avec ceux des Himalayas fût-ce le *Kailash*, nos compagnons fortunés découvrent l'*ashram* de *Mâ Anandamayi* sis dans le village de *Khankal.* « Le *Samâdhi Mandir* de *Mâ* ! » laissent échapper les lèvres du *swami* plus révérencieux qu'il ne fut jamais. Louis, assistant à cet instant solennel, comprend qu'il s'agit du lieu de repos éternel de la Sainte. *Vijay*, faisant signe à Louis de le suivre, contourne l'*énormissime* mausolée hexagonal, bâti de pierres blanches rectangulaires, dont le toit à l'allure triangulaire finit progressivement son ascension vers le jardin d'*Indra* en une fine pointe, symboliquement celle de *Moksha*, la Libération spirituelle.

Docilement excité comme un enfant trouvant un œuf caché derrière un arbre au matin de Pâques, *Vijay* scrute d'un œil acéré l'autre côté de l'*ashram* : le *ghât* d'*Anandamayi* perché au-dessus de la Mère en chef, la déesse *Ganga.* Attentif et presque trop occupé à dévisager cette humble partie du bâtiment aux nombreuses ouvertures débouchant sur de vastes terrasses aux balustrades ouvragées laissant deviner quelques pans de murs délavés par la mousson, *Vijay*, en tant qu'ancien directeur du lieu après le départ de *Mâ* pour une région plus envieuse que le *Brahma Loka*, s'agace que les travaux de ravalement ne soient pas encore finalisés. La supervision post-mortem du *swami* terminée, ils regagnent l'entrée du lieu et demeurent là, tels des bambins assagis.

SWAMI VIJAYÂNANDA, *nostalgique*

Durant ma dernière incarnation, je m'asseyais en face sur une chaise… je contemplais le *Samâdhi* de *Mâ*, sentant sa douce présence pénétrer mon âme et me susurrer son amour infini… « *Jai Mâ… Jai Mâ* »…

LOUIS DE FLORAC

Contemplais-tu le *Samâdhi* tout seul ?

SWAMIJI, *mélancolique*

Il n'y a pas *deux*, il n'y a qu'*un* ! Alors seul ou accompagné, quelle différence ?! Dans ma dernière vie, nombre de curieux et d'intéressés venaient chatouiller les poils de ma barbe. Ils écoutaient les enseignements d'un vieux *swami* à la barbe trop courte pour un sage accompli, néanmoins rompu à l'exercice d'être disciple d'une grande sage, *Mâ*.

LOUIS DE FLORAC

Tu auras pu leur communiquer quelque chose de la présence de *Mâ*… et ton incomparable ascèse intérieure. L'expérience de vie compte plus que les discours, l'illumination est illumination progressive de tous les aspects de la vie extérieure, puis intérieure.

SWAMI VIJAYÂNANDA, *remonté*

Et hop ! Ni extérieur ni intérieur, le Soi seul.

LOUIS DE FLORAC

Tu as donc joué *l'upaguru*, l'assistant spirituel du sage ?

SWAMI VIJAYÂNANDA

Chut !… j'entends une voix… « *Mâ* ?! » Elle me confie que la Kundalini désigne l'*une des formes de Durga*. Rappelle-toi, nous avons dégrossi cette définition désignant la Kundalini comme « *une Shakti ou une forme de Durga* ».

LOUIS DE FLORAC

Cette fois-ci, laissons de côté la Kundalini définie comme *Shakti*, comme nous l'avons débattus, et concentrons-nous sur la Kundalini comme étant une forme de *Durga*.

SWAMI VIJAYÂNANDA *assis, vêtu d'un costard d'upaguru.*

LOUIS DE FLORAC

Une forme de *Durga*, cela suppose que la Kundalini n'incarne qu'une seule des formes de *Durga*, les assumant, potentiellement, toutes. Pouvant revêtir nombre de robes, elle n'en revêt qu'une à la fois, cela dépend de la soirée où elle est invitée, se parant toujours de sa plus belle vêture.

SWAMI VIJAYÂNANDA

Si la Kundalini se contente d'une parure de *Durga* à la fois, se limite-t-elle à une seule figure ? hein… ?

LOUIS DE FLORAC

La Kundalini vêt une seule des figures de *Durga*, tout en revêtant les innombrables figures figurant. Elle pourrait incarner toutes les figures de *Durga* à la fois et les assumer, de surcroît.

SWAMI VIJAYÂNANDA

Mmm… crois-tu, honnêtement, qu'elle assume toutes figures, qu'elles soient terrestres, humaines ou célestes ?

LOUIS DE FLORAC

Oui, sans doute possible. Néanmoins, cette définition l'identifie à l'une ou à l'autre des formes de *Durga*, dans la mesure où la figure adoubée par la Kundalini est une figure unique. En effet, comment une seule figure supporterait-elle deux ou trois aspects de *Durga* à la fois ?

SWAMI VIJAYÂNANDA, *soupirant et enamouré.*

LOUIS DE FLORAC, *bucolique*

S'élevant sur le sommet du mont Kailash,
en sautillant de pierre en pierre,
Kundalini énamourée de Shiva,
demeure là, faisant la ronde.

SWAMIJI, *hochant la barbe*

Si *Durga* revêt plusieurs formes, a-t-elle une identité ultime ?

LOUIS DE FLORAC, *imberbe, lui retournant la question.*

SWAMI VIJAYÂNANDA

Mmm… les enseignements de *Mâ* sur la question sont sans équivoque. Au niveau cosmique, *Durga* incarne la puissance de figuration de *Shiva*, étant son visage immaculé, sa parèdre.

LOUIS DE FLORAC

Ne combattit-elle pas le *Mahishâsura*, le démon-buffle, ayant envahi le domaine des dieux pour les chasser ?

SWAMI VIJAYÂNANDA

Mmm… alors qu'*Indra* fut battu et que les ténèbres se répandaient dangereusement, les dieux demandèrent à la *Trimurti, Brahma*, *Vishnou* et *Shiva*, d'intervenir en leur faveur. Ces trois, furieux, chargèrent les trois déesses, *Sarasvatî*, *Lakshmî* et *Pârvatî*, de mettre fin au conflit. Elles engendrèrent donc une jeune femme à la beauté incomparable, possédant les pouvoirs de la *Trimurti*, *Durga*. Chacun des dieux lui remit son arme, et elle se retrouva en possession d'une épée, d'une conque marine, d'un disque, d'un chapelet, d'une coupe de vin, d'un bouclier, d'un arc, d'une flèche et d'un trident, afin de terrasser, avec l'un de ses bras armés, ce redoutable ennemi. Partant combattre le démon, ce dernier, se trouvant face à elle, tomba irrésistiblement amoureux, l'enjoignant à l'épouser ! Elle lui promit sa main, s'il la vainquait au combat. Se battant parmi les *asuras*, les démons, *Mahishâsura* ne pouvant être tué que des mains d'une femme attaqua, pour son plus grand malheur, la monture de *Durga*, le lion *Manashthâla*. Ce long et âpre combat de plusieurs jours, *Durga*, *Siddhidatrî*, le remporta en tranchant la tête du buffle et en embrochant avec son trident la forme humaine sortie du maléfique animal. Ayant chassé les démons du monde céleste, elle rétablit l'harmonie entre les trois mondes, et depuis, les dieux et les hommes chantent des louanges en son honneur.

LOUIS DE FLORAC

Quelle histoire ! Qu'entends-tu par *Durga* comme *Siddhidatrî* ?

SWAMI VIJAYÂNANDA

Pouvant revêtir différentes figures, *Siddhidatrî* est celle qui bat le démon-buffle, symbolisant la victoire sur le mal. Dans cette histoire, *Durga* personnifie le pouvoir de la *Trimurti*.

LOUIS DE FLORAC

D'après l'enseignement de *Mâ*, *Durga* n'est-elle pas parèdre de *Shiva*... ?

SWAMI VIJAYÂNANDA

Oui, *Durga* est *Shakti* de *Shiva* ! Elle est sa *consubstantielle* épouse, son pouvoir faisant advenir toutes figures.

LOUIS DE FLORAC

Shiva est Dieu !... La figure humaine ne peut ni concevoir ni contenir une déesse si grande. La figure humaine n'assume qu'une forme spécifique de *Durga*, nullement toutes, comme *Shiva* pouvant souffrir de supporter l'intégralité des figures de son épouse, Mère bienfaitrice.

SWAMIJI, *espiègle*

Elle règne d'une main de maître, pardon, de mains de maître... elle en possède dix ! *Durga*, selon le sens de nom, est *inatteignable*.

LOUIS DE FLORAC, *intrigué*.

SWAMI VIJAYÂNANDA

La Mère de tous les dieux, possédant leurs qualités et leurs attributs, est dite *difficile d'accès*, *impraticable*, *inaccessible*, comme un sommet himalayen ayant un sentier d'accès *étroit*, *au terrain accidenté*, dont *le danger* et *la difficulté* ne manqueraient pas de nous plonger dans la *détresse*. Elle est une *citadelle*...

LOUIS DE FLORAC, *surenchérissant*

... imprenable ! Celui qui tente de l'assiéger, aurait de grandes difficultés pour la dominer.

SWAMI VIJAYÂNANDA

Dominer ?... Mmm... Mmm...

LOUIS DE FLORAC

Non, mille révérences, ô *barbissime swami*, *Durga* ne se domine pas… idée saugrenue ! Prendre la déesse d'assaut, revient à se laisser prendre par sa puissance, terrasser par le tranchant de son glaive et transpercer par le trident de son époux, annihilant la vie du démon en nous.

SWAMI VIJAYÂNANDA

Shiva lui a fait, en lui offrant son trident, un sacré cadeau… un cadeau sacré, pardon ! Serait-il envisageable d'être dominé par l'une des figures de *Durga* ?

LOUIS DE FLORAC

La preuve… en chair et en os ! La Kundalini revêt l'une des formes de *Durga* selon l'infigure qu'elle souhaite figurer en la figure humaine.

SWAMI VIJAYÂNANDA

Durga revêt neuf figures, comme autant de jours qu'elle combattit le démon-buffle, caractérisées par une énergie figurant un aspect de sa grâce… hein… ?

LOUIS DE FLORAC

Eh bien… je ne savais nullement que la Kundalini revêtait neuf figures énergétiques, parant la figure humaine différemment.

SWAMI VIJAYÂNANDA

La Kundalini rebattrait-elle les cartes en infigurant toutes figures de sa grâce ?

LOUIS DE FLORAC

L'énergie, pure infiguration de puissance, façonne, articule et imagine toutes figures figurant, et, ayant initié toutes figures, elle les *re-figure*, remettant son ouvrage sur le métier, afin que l'infiguration paraisse en la figuration.

SWAMI VIJAYÂNANDA

J'ignorais que *Durga* fît dans le service après-vente ! Prétends-tu que toutes figures nécessitent d'être refigurées grâce à l'énergie ?

LOUIS DE FLORAC

Durga est libre de refigurer selon son bon vouloir, l'énergie étant un débordement de grâce refigurant la figure, afin qu'il y ait osmose entre l'infiguré et le figuré. L'infiguration déborde en ce qui figure, faisant de la figure une *figure infigurée*. Le surplus d'infiguration insufflé par l'une des neuf formes de *Durga*, remodèle la pièce du potier, la figure, afin d'être parfaite, d'être la perfection du suprême Seigneur.

SWAMIJI, *barbe rayonnante*

Je suis assis là, *Durga* peut me retransformer immédiatement ! Pas de scorpion sous la chaise, elle vient si cela lui chante… Mmm… ?!

LOUIS DE FLORAC, *circonspect*

Seulement s'il s'agit de la forme de *Durga* la plus appréciable pour que tu puisses franchir les murailles de la citadelle intérieure, de la quête spirituelle.

SWAMI VIJAYÂNANDA

Merci de ton souci. Les neuf formes de *Durga* se valent-elles ? hein… ?

LOUIS DE FLORAC

Pas vraiment, sinon *Durga* n'aurait qu'une seule forme. Sa forme la plus éminente étant la dernière, *Siddhidatrî*, commémorant sa victoire en signe de l'advenance de l'infigure la plus infigurée, *Brahman*.

SWAMI VIJAYÂNANDA

Mmm… moi, j'opte pour *Durga Brahmâchârini*, deuxième figure de *Durga*, s'adonnant à l'étude du *Brahman*, tenant un *mâlâ* en sa main droite et empoignant *le pot à eau des ascètes* en sa main gauche, *le kamandalu*. Belle étudiante… Mmm… ?

LOUIS DE FLORAC, *aux anges*

Vêtue d'un sari immaculé bordé de rouge,
elle étudie le Véda,
manifestant le désir
de l'accomplissement spirituel.

Telle est cette Brahmâchârini,
figure de pure énergie,
pouvoir infiguré advenant
et refigurant toutes figures !

SWAMI VIJAYÂNANDA, *aux devas*
Cette *Brahmâchârini*, comment infigure-t-elle la figure ?

LOUIS DE FLORAC
Durga Brahmâchârini infigure en intimant à se consacrer à la vie religieuse au moyen de l'ascèse corporelle, de l'étude des *Védas* et de la prière, afin de renoncer au monde. Cet acte, de consécration et de renoncement, délivré par la Kundalini, advient de l'immense océan de puissance infigurée.

SWAMIJI, *indiscret*
Quelle forme de *Durga* est à l'œuvre en toi ? hein… ?

LOUIS DE FLORAC, *livré*

Durga Kalratrî, déesse de la nuit,
m'a introduit en une sombre contrée
plus noire que d'obscures ténèbres,
ses cheveux hirsutes dépeignant
la colère de son effroyable visage.

Les yeux exorbités et tirant la langue,
elle écrase son époux Shiva,
symbole de l'ascète terrassé.

Elle brandit une épée ensanglantée,
la tête d'un homme décapité,
ainsi qu'une torche de feu,
symbole de la puissance.

SWAMIJI, *refroidi*

Comment *Durga*, cette douce Mère, peut-elle brandir une épée ensanglantée et être si dure ? *Mâ* n'entrait jamais en colère, elle était toute divine et toute gentille !

LOUIS DE FLORAC

Parfois, *Durga Kalratrî* est représentée arborant un trident et des crânes sur un collier autour du cou… ! Cette forme de *Durga*, la fameuse *Kali*, est la septième des neuf.

SWAMI VIJAYÂNANDA, *attristé*

Tout cela en vue d'acquérir la vision *d'Ishwara*, la vision du Seigneur suprême régnant sur les trois mondes…

LOUIS DE FLORAC

Ne t'attriste pas ! Depuis peu, la Kundalini s'affaire joyeusement à me sortir des griffes de *Kali*, caressant mon âme de ses doux rayons de lumière. Irruptionnant en mon esprit telle l'aube dardant la terre vierge d'un matin inespéré, la Kundalini, lumière candide, m'élève surnaturellement aux prémices d'une joie immense… paix emplie d'une divine présence emportant au-dessus de soi toutes figures, intérieures comme extérieures… cessation partielle de tous bruits de la conscience, des sons et des pensées.

SWAMIJI, *enjoué*

Mmm… tu es un authentique sherpa ! Atteindre la demeure de *Shiva*, le sommet du *Kailash*, nécessite un bon barda d'alpiniste d'intérieur, de l'assurance, des chaussures étanches et la bénédiction d'un quasi-maître…

LOUIS DE FLORAC

Je n'en espérais pas autant…

SWAMIJI, *assuré*

Ce n'est rien, ce n'est rien… ! Si *Durga Kalratrî*, mère sévère et intransigeante, se transforme petit à petit en mère douce et paisible, s'agirait-il de *Durga Mahagauri* ? hein… ?

LOUIS DE FLORAC, *humble*

Je ne possède ta science en la matière.

SWAMI VIJAYÂNANDA

Je suis un *upaguru* de haute voltige… Quelle joie ! Contempler le visage de *Mahagauri*, littéralement *la grande blanche*, que je traduirai, personnellement, par *l'immaculée*…

LOUIS DE FLORAC

… *Durga l'immaculée* ?

SWAMI VIJAYÂNANDA, *pensant à Mâ*…

LOUIS DE FLORAC, *visionnaire*

Éternelle beauté sans tâche,
étincelant visage de Kundalini,
sise sur un taureau blanc,
tu me bénis de ta main droite.

Innocente et candide,
en tes mains de porcelaine
tu détiens le trident de Shiva,
transperçant tout obstacle.

Reine des sons, les nadas,
tu frappes le tambourin,
cadence d'une marche
menant à la Libération.

SWAMIJI, *émotionné*

On croirait que tu décris *Mâ*… la reverrai-je ?

LOUIS DE FLORAC, *acquiesçant à ce gémissement.*

SWAMI VIJAYÂNANDA, *pressentant François Chenet*

Mmm… je suis comblé ! Heureux de t'avoir enseigné, par la grâce de *Mâ*, les définitions millénaires et traditionnelles de l'Inde sur la Kundalini, si connue et si « méconnue »… si ignorée et si présente. Courage… tu parviendras au seuil de la divinité, et tu plongeras dans l'immense béatitude de Dieu !

Refrain

Ton ineffable nom, qui saurait le dire ?
Poètes et conteurs jamais ne le clament.
Inaccessible, lettres et paroles manquent.
Révèle-moi donc, qui il est !

De toi, dit-on, nul accès par l'intelligence,
ni connaissance par science.
Comment te révérer, si impénétrable tu es,
chants et offrandes y suffiraient-ils ?

Qui sait, l'ascète et le philosophe,
par dévotion ou introspection, te découvriront ?
Et si, fortunés de grâce, ils réussissent,
décèleront-ils ton mystère ?

POSTLUDE

C'est moi encore qui souffle comme le vent,
m'emparant de toutes les existences.
Au-delà du ciel, au-delà de la terre ici-bas,
telle en grandeur je suis devenue.

Hymne à la Déesse, *Devîsûkta*,
Rig-Veda, 10.125, p. 339

Enivrés par les divins palabres animant le cœur de leurs pérégrinations intellectuelles et spirituelles, Louis et *Vijay* peinent à reprendre leur respiration entre deux propositions philosophiques savamment concoctées et mijotées. La nuit règne, embellissant l'écrin himalayen cernant l'étroite vallée où souffle l'inlassable flot du Gange, et les étoiles, éclats d'argents, habillent la voûte céleste plongeant derrière les montagnes. Une sérénité non coutumière emplit les lieux, *Vijay*, feignant de la ressentir, s'apprête secrètement à bondir comme un tigre du Bengale, pour rugir de plus belle… mais son oreille, imperceptiblement détournée, se met à écouter de familières et exquises notes dérobant son attention, tandis que Louis, constatant le tarissement de leurs mots, remarque que son *swami*, comme hypnotisé, est irrésistiblement monopolisé par elles.

Devenant incontournables et plus savoureux à chaque seconde, ces murmures mélodieux chantent de plus en plus distinctement à l'ouïe de nos ascètes. Ce chant dérobé dont la rondeur émane curieusement du *Samâdhi Mandir*, accompagne une fluette odeur d'encens de rose se propageant à la faveur d'une lumière cuivrée filtrant par les contours de la lourde porte celant son entrée. Étonnés par une telle manifestation, Louis et *Vijay* interrompent involontairement leur débat, et pénètrent discrètement dans le mausolée, au nez et à la barbe d'un *ashramite* le gardant.

Extasiés, l'ocre *swami* et son compère philosophe débouchent en un surprenant nuage d'encens floral, aux fines courbures s'affinant et se dissipant petit à petit. La salle, inondée d'une blanchâtre et cristalline lumière, est littéralement irradiée depuis le cœur. Des applaudissements rythmés sur fond de petites cymbales, se conjuguent aux chants rituels védiques clamés par un nombre restreint de dévots encerclant une étrange personne dont émane une insoutenable clarté. L'orange, le bleu, le vermeil et le violet, vêtissent les *saris* des orantes effeuillant et égrainant d'innombrables pétales de fleurs multicolores vers celle qu'elles révèrent, tandis que tournoie subtilement, autour de cette assemblée resserrée, une vague translucide laissant échapper quelques rayons d'or provenant de cette inassignable personnalité assise au centre. Juchée sur un promontoire de marbre rutilant recouvert d'un noble tapis rouge décoré sur les bords d'ocres et rougeâtres guirlandes de fleurs fraîches, cette silhouette, infigurable, trône, telle une statue de *Durga* ornant un incomparable temple.

Louis, émerveillé autant que bouleversé par cet inattendu comité en lequel siège un être impossible à identifier, découvre qu'il ressemble à la statue dorée revêtue d'une tunique blanche, de deux colliers et d'une couronne originale, sise dans le creux d'un mur décoré de deux paons se faisant face et regardant chacun, têtes courbées, derrière eux, et entourés, en haut comme en bas, de motifs jaunes aux courbes chalantes, côtoyés par de naïfs et indéchiffrables symboles hindous. Le rapprochement que Louis opère, entre la vénérable sculpture brillant de mille feux sous l'infatigable luminosité baignant la salle aux murs de marbres nacres exposant fièrement ses ventilateurs et l'indistinguable source radiante, lui ouvre soudainement les yeux du cœur.

La silhouette aux contours doux et gracieux est assise confortablement à genoux comme une biche se reposant dans une clairière, les mains innocemment posées sur ses cuisses comme jointes en prière d'adoration, la tête magnifiquement penchée sur la gauche et drapée d'un *sari* bleu-ciel découvrant une longue chevelure au noir étincelant se perdant dans les plis de la vêture ceignant un angélique visage hâlé au regard méditant mirant l'infini en tout être… « *Mâ Anandamayi* ! » réalise Louis, ébahi… !

Sitôt reconnue, cette incroyable révélation touche *Vijay* en son tréfonds, et, immanquablement, l'inconsolable *swami* à la barbe trébuchante se met à danser en tournant et sautillant autour des convives célébrant l'incomparable déesse vivante, puis, s'immobilisant tel un roseau ayant fraîchement été chahuté par un vent d'autan, ramasse à pleines mains de précieuses grappes de pétales sanctifiées et les offre à *Mâ*, les lançant au-dessus d'elle. Son rituel de retrouvailles clôturé, il s'approche de celle qu'il n'avait guère vu depuis trois décennies…

Pénétrant la sereine atmosphère baignant les dévots de *Mâ*, *Vijay*, yeux rivés et enamourés, fend à pas cahotants et titubants la minuscule foule entourant le trône de la Sainte et, d'une voix bouillonnante et bosselée, entonne l'ineffable hymne à la *Dévi*, tandis que *Mâ*, absorbée par le divin, se penche vers *Vijay* et psalmodie très doucement, de concert avec lui, presque inaudiblement, les divins mots ruisselant de sa barbe.

Les derniers versets de l'*Hymne à la Déesse* se profilant, *Mâ* se met à briller comme un jour naissant. Le foyer de lumière irradiant de sa poitrine se répand, telle une ondée de pluie, au corps tout entier, si bien que *Vijay*, à genoux comme un faon à côté de sa mère, se trouve enrobé en un manteau diaphane à l'éclat non terrestre. Un silence sidéral envahit l'intérieur du mausolée n'étincelant plus, seuls *Mâ* et *Vijay*, la *guru* et son inconditionnel disciple, demeurent visibles comme un point blanc au milieu de l'éternité.

Louis, fixant son étincelant *swami* avec insistance, n'obtient pas de réponse… *Vijay* lui sourit comme on se dit « au revoir » avant un voyage sans retour, tels les explorateurs d'un monde inconnu partant avant l'aube. L'obscurité baignant *Mâ* et *Vijay* s'accroît, jusqu'à les recouvrir entièrement, inondant d'une épaisse ténèbre la vue de Louis.

Plus rien ne se manifestant, apparaît une acre luminosité piquant ses yeux qui s'écarquillent aussitôt. Il n'y a plus de phare divin brillant sur l'horizon, et encore moins, l'étrange obscurité répandue dans le *Samâdhi Mandir*… Une aurore pointe, prosaïquement, entre d'étranges formes rectangulaires et triangulaires, la laissant se diffuser çà et là autour de Louis qui, sorti de cette mise au tombeau, ressent une innommable douleur le parcourir des cheveux aux orteils… celle de son corps retrouvé !

L'idée à peine effleurée, qu'il soit de retour en chair et en os, est évacuée par deux yeux le dévisageant, et, péniblement distingué, l'insolite bourdonnement d'une drôle de silhouette le somme de se lever du pas de tombe hindou de *Swami Vijayânanda* ! Il s'agit de la jeune gardienne à la démarche d'un siècle révolu, faisant son tour matinal dans les allées enchevêtrées du Père Lachaise avant son ouverture au public. Louis, acquiesçant à ses invectives, et rendant intérieurement grâce pour sa rencontre fortunée avec *Vijay* et *Mâ*, se voit, énergiquement, raccompagné à l'entrée du parc d'attraction funéraire, et, une fois dehors, tâtonnant son corps pour vérifier s'il est bien palpable, soulagé, découvre au fond de sa poche droite un curieux collier rempli d'étranges billes de bois rugueuses, brillant d'une lueur toute maternelle et exhalant une divine senteur de mangue. Le saisissant du bout des doigts, un chant mélodieux et cristallin se fait entendre… le rossignol ! L'heureuse et douce mélopée entonnée s'élève lentement du faubourg, susurrant secrètement à l'âme de Louis d'enchanteresses paroles provenant d'un songe oriental…

Inépuisable en tes grâces,
tu nous a accordé, sainte Mâ,
en marque d'infinie bonté,
inspiration et érudition.

Et de sagesse, rassasiés,
l'ascète et le philosophe,
enivrés de toi, modestement,
ont révélé, nature et noms.

BIBLIOGRAPHIE

ACADÉMIE FRANÇAISE, *Dictionnaire de l'Académie française*, Neuvième édition, Tome 1, A-Enz, Paris, Fayard, 2001, 860 p.

ACADÉMIE FRANÇAISE, *Dictionnaire de l'Académie française*, Neuvième édition, Tome 2, Eoc-Map, Paris, Fayard, 2005, 1244 p.

ACADÉMIE FRANÇAISE, *Dictionnaire de l'Académie française*, Neuvième édition, Tome 3, Map-Quo, Paris, Fayard, 2011, 571 p.

BAILLY Anatole, *Le Grand Bailly. Dictionnaire Grec Français*, Paris, Hachette, 2000, 2230 p.

GAFFIOT Félix, *Le Grand Gaffiot. Dictionnaire Latin Français*, Paris, Hachette éducation, 2000, 1840 p.

SIR MONIER-WILLIAMS Monier, *A Sanskrit-English Dictionary*, Delhi, Motilal Banarsidass Publishers Private Limited, 2002, 1333 p.

VARENNE Jean (dir. et trad.), *Le Veda*, Paris, Denoël-Planète, 1967, Les Deux Océans, 2003, 451 p.

VIJAYÂNANDA, *Un français dans l'Himalaya : Itinéraire avec Mâ Ananda Môyî*, Jacques Vigne (trad.), Terre du Ciel, 274 p.

TABLE DES MATIÈRES

Structures éditoriales du groupe L'Harmattan

L'Harmattan Italie
Via degli Artisti, 15
10124 Torino
harmattan.italia@gmail.com

L'Harmattan Hongrie
Kossuth l. u. 14-16.
1053 Budapest
harmattan@harmattan.hu

L'Harmattan Sénégal
10 VDN en face Mermoz
BP 45034 Dakar-Fann
senharmattan@gmail.com

L'Harmattan Cameroun
TSINGA/FECAFOOT
BP 11486 Yaoundé
inkoukam@gmail.com

L'Harmattan Burkina Faso
Achille Somé – tengnule@hotmail.fr

L'Harmattan Guinée
Almamya, rue KA 028 OKB Agency
BP 3470 Conakry
harmattanguinee@yahoo.fr

L'Harmattan RDC
185, avenue Nyangwe
Commune de Lingwala – Kinshasa
matangilamusadila@yahoo.fr

L'Harmattan Congo
67, boulevard Denis-Sassou-N'Guesso
BP 2874 Brazzaville
harmattan.congo@yahoo.fr

L'Harmattan Mali
ACI 2000 - Immeuble Mgr Jean Marie Cisse
Bureau 10
BP 145 Bamako-Mali
mali@harmattan.fr

L'Harmattan Togo
Djidjole – Lomé
Maison Amela
face EPP BATOME
ddamela@aol.com

L'Harmattan Côte d'Ivoire
Résidence Karl – Cité des Arts
Abidjan-Cocody
03 BP 1588 Abidjan
espace_harmattan.ci@hotmail.fr

Nos librairies en France

Librairie internationale
16, rue des Écoles
75005 Paris
librairie.internationale@harmattan.fr
01 40 46 79 11
www.librairieharmattan.com

Librairie des savoirs
21, rue des Écoles
75005 Paris
librairie.sh@harmattan.fr
01 46 34 13 71
www.librairieharmattansh.com

Librairie Le Lucernaire
53, rue Notre-Dame-des-Champs
75006 Paris
librairie@lucernaire.fr
01 42 22 67 13